Mq. 2 cartons qui devraient remplacer les
feuillets 193-194 et 225-226.

In²⁷
14701

(Leblond)

(v. Barbier)

Marie Felice des Ursins Duchesse de Montmorancy qui après la mort du Duc son Mary se retira dans le Monastere de la Visitation de Moulins 3.e de l'ordre, dont elle est Fondatrice et ou elle est morte Sup.{te} en odeur de S.{te} le 5 de juin 1666 aagée de 66 ans

LA VIE
DE
MADAME
LA
DUCHESSE
DE
MONTMORENCY,
SUPERIEURE DE LA
VISITATION DE S.te MARIE
DE MOULINS.

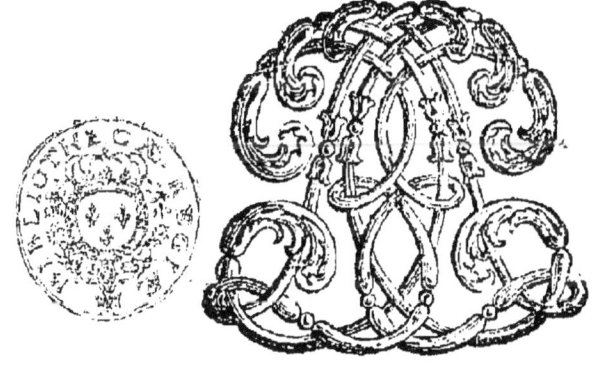

A PARIS,
Chez Claude Barbin, Au Palais, sur le
second Perron de la Sainte Chapelle.

Avec Privilege & Approbations.
M. DC. LXXXIV.

A
SON ALTESSE SERENISSIME
MONSEIGNEUR
LE
PRINCE.

Monseigneur,

L'Histoire de la Vie de Madame de Montmorency,
ã ij

EPITRE.

que j'ay l'honneur de presenter a Vostre Altesse Serenissime, contient presque tout ce que le monde & la Religion ont de grand. Cette Princesse née d'une des plus illustres Maisons de l'Europe, a vécu dans une fortune éclatante, qu'elle a sanctifiée par ses actions. Quand elle n'auroit pas l'honneur de vous appartenir, comme elle fait, Monseigneur, Vostre Altesse Serenissime qui connoist le vray merite par les grandes qualitez qu'elle posede elle-mesme, sera bien aise de voir une Dame de ce caractere, qui, dans le renversement de sa fortune, a supporté ses malheurs avec une

EPITRE.

constance héroïque. Aprés la fin de ses afflictions, elle choisit une retraite, pour y passer le reste de ses jours parmy des Religieuses qui tâchent encore d'imiter ses Vertus. Ce sont ces mesmes Religieuses qui ont supplié trés-humblement Vôtre Altesse Serenissime d'agréer cette Histoire : Et en cela, Monseigneur, elles ont favorisé mon dessein, & m'ont donné occasion de rendre à V. A. S. l'honneur qui lui est deub, & de lui parler de sa gloire. Mais sans redire icy tout ce qu'on lui a dit si souvent, il suffit de vous nommer pour faire souvenir toute la Terre de cette suite d'actions

EPITRE.

glorieuses qui remplissent le cours de vostre vie. Mes paroles ne vont pas si haut, Monseigneur ; & ce seroit assez si elles pouvoient expliquer le respect trés-profond avec lequel je suis,

MONSEIGNEUR,

De V. A. S.

Le trés-humble & trés-obéïssant Serviteur,
* * *

PREFACE.

LA Vie de Madame de Montmorency contient toutes les choses principales qui regardent la conduite Chrétienne qu'elle a euë dans les divers états où elle a vécu. On a oublié de marquer pour sa naissance, qu'outre plusieurs Souverains à qui la Maison des Ursins est alliée, elle compte encore vingt-deux Saints, au nombre desquels on trouve S. Thomas d'Aquin, S. Charles Borromée, le Bien-heureux Loüis de Gonzagues, & le grand S. Be-

PREFACE.

noist, dont la Maison paternelle est encore possedée par les Ducs de Bracciano, qui en sont les heritiers. Il faut presentement dire en peu de mots, ce qu'on doit sçavoir pour ajoûter foy à tout ce qu'on rapporte dans cet Ouvrage.

Madame de Montmorency estant en France, & ayant passé quelque temps à la Cour, auprés de la Reine Marie de Medicis, alla dans le Languedoc, qui estoit le Gouvernement du Duc son mary; où elle vécut si saintement, que quelques personnes de vertu, qui estoient auprés d'elle, furent d'avis d'écrire ses actions, pour en faire dans la suite du temps, ce qu'ils jugeroient à propos. Comme les mesmes personnes l'ont

PREFACE.

toûjours accompagnée dans ses disgraces, & qu'elles ont vû toutes ses démarches jusqu'à son entrée dans le Convent de la Visitation de Moulins, elles ont ajoûté au Memoire, les differentes vertus qu'elle pratiquoit dans sa mauvaise fortune ; & ensuite elles le remirent entre les mains des Filles de Sainte Marie, qui y ajoûterent aussi les actions qu'elle fit jusqu'à sa mort.

C'est de ce Memoire & de plusieurs Lettres qui se sont trouvées, qu'on a tiré tout ce qui est dans sa Vie, où l'on verra quelques traits d'Histoire bien averez. On espere que les conversations de la Duchesse avec Madame de Chantal, & avec le Pere de Lingendes, que

PREFACE.

les Lettres qu'elle a receuës de quelques Princesses, les sentimens qu'elle a témoignez à leurs Majestez, dans les visites qu'elles lui ont fait l'honneur de lui rendre, & les reflexions qu'elle faisoit ensuite & qu'elle communiquoit aux Religieuses, sur les grandeurs humaines, édifieront tout le monde. On a mis plusieurs reparties faites sur son sujet, & qu'elle faisoit quelques fois elle-mesme, qui portent toutes un caractere de vertu singuliere.

Quoyqu'elle ne paroisse pas toûjours dans de grandes occasions, cependant la vie cachée qu'elle a menée l'espace de trente-huit ans, dans l'exercice de la penitence, ses manieres simples, & ses entretiens pieux avec

PREFACE.

des Filles retirées, qui vivent sans bruit & sans éclat, enfin tout ce qu'elle a fait dans la solitude, peut beaucoup servir au salut du prochain. Au moins on peut estre asseuré qu'on n'a rien dit dont on n'ait les pieces pour le justifier. On a voulu mesme nommer toutes les personnes & marquer le temps & les lieux où chaque chose est arrivée, pour persuader la verité de ce qu'on avance. Cet endroit avertit le Lecteur de ne se point arrêter à des Memoires qu'on dressa il y a prés de neuf ans, hors du Convent de la Visitation de Moulins, où l'on fit déposer plusieurs sortes de gens qui ne sçavoient rien de certain, & dont les dépositions sont pleines de confusion & d'erreur.

PREFACE.

Les Dames du mesme Monastere donnent icy cet avis, par cequ'il y va de leur gloire, de faire voir au monde les veritables actions d'une Princesse, qui a soûtenu leur Maison par ses vertus & par ses biens. C'est à leur soin & à leur zéle, que nous devons la connoissance d'une vie si sainte & si instructive, sur tout pour les Grands. Les actions de Madame de Montmorency sont recentes, & beaucoup de gens ont vû sa sainteté à la Cour, sa patience dans les persecutions, & l'humilité qu'elle a témoignée dans tous les états de sa vie.

On a orné cet ouvrage de quelques traits qui ont esté communiquez par Mesdames de la Visitation du Fauxbourg

PREFACE.

S. Jacques. L'interest qu'elles y ont pris, & leur application extrême à avoir de leurs Monasteres, d'Annecy & de Turin, de nouveaux memoires, marquent la grande veneration qu'elles conservent pour la memoire de cette Princesse.

*APPROBATION DE MONSIEUR PIROT,
Docteur de la Maison & Societé de Sorbonne.*

IL n'y a pas de condition qui n'ait ses devoirs essentiels, & ils sont si grands, qu'on voit en chacune en particulier peu de personnes qui les remplissent tous. Mais s'il est rare d'en trouver qui fournissent aux obligations d'une seule profession, on doit regarder comme un prodige une Dame qui ayant partagé sa vie en differends états, a sçû y prendre en tous un esprit convenable, & s'y est soutenuë avec une conduite si juste, qu'elle peut y servir de modelle à tout son Sexe, aux filles, aux personnes mariées & aux veuves, dans la societé civile, & aux Religieuses dans la retraite du Cloître. Telle a esté Madame de Montmorency, dont on doit regarder la Vie qui se donne presentement au public comme un portrait fidele, où il n'a fallu que suivre les traits de la personne pour en faire un fort beau tableau: Elle a vécu dans le monde avec toute la regularité Chrétienne, n'ayant jamais abusé des avantages de sa naissance, ny succombé aux disgraces de la fortune; & elle a achevé de se sanctifier parmy les Filles de la Visitation, où sa charité a consommé son sacrifice dans un récüeillement interieur, qui fait le caractere de ce saint Institut. En Sorbonne le quinziéme Avril 1684.

Signé, PIROT.

Approbation de Monsieur de Vrevin, Docteur de Sorbonne, & Chanoine de l'Eglise de Paris.

L'Innocence & la pureté des premiers Chrétiens n'étant décrite par les anciens Peres que pour porter les fideles à les imiter, ceux qui les ont suivis dans chaque siecle ont esté reverez avec justice dans l'Eglise, comme les précieuses Copies de ces sacrez Originaux. Nous pouvons dire que dans le nostre Madame de Montmorency merite par la sainteté de sa vie d'estre élevée à ce rang. La noblesse de sa naissance, & la grandeur de l'illustre Maison où elle estoit entrée, l'exposoient aux yeux de toute l'Europe; mais la conduite du Ciel sur elle & la force de la grace la rendirent par ses malheurs & par le saint usage qu'elle en fit, un spectacle digne de Dieu. Cachée dans l'obscurité d'un

Convent, elle fut malgré son humilité, un exemple éclatant de toutes les vertus. Sa retraite honora l'Ordre qu'elle choisit, déja si venerable par la sainteté de ses Regles, & par la vertu des Religieuses qui les observent. Aujourd'huy ce même Ordre touché de pieté & de reconnoissance, luy rend l'honneur qu'il en a reçû, déposant entre les mains de celuy qui a écrit cette Vie les memoires sur lesquels elle est composée. On n'y voit rien que de saint & d'édifiant, rien qui ne porte les seculiers au mépris du monde, & les personnes Religieuses à cherir leur état & leur profession. C'est le témoignage que nous sommes obligez de rendre à cét Ouvrage. En Sorbonne le huitiéme Avril 1684.

Signé, F. DE VREVIN.

Approbation de Monsieur du Buysson, Docteur de Sorbonne, Doyen de l'Eglise de Nôtre-Dame de Moulins, & grand Vicaire de Monseigneur de Châlons.

LA Vie de Madame de Montmorency a esté si édifiante, sa pieté si solide, & ses dispositions si chrétiennes, que nous ne doutons pas qu'il ne soit avantageux pour la gloire de Dieu & pour l'instruction des fideles qu'on la fasse paroître aux yeux du public. On y verra une personne veritablement détrompée du monde, soûmise à Dieu dans une des plus grandes revolutions qui fut jamais, patiente au milieu des afflictions dont elle estoit accablée, perseverant constamment dans la retraite & l'éloignement du siecle, allant de vertus en vertus, & avançant toûjours dans le chemin de la perfection. Nous avons reçû avec bien du plaisir cette occasion que l'Autheur nous a fait naître, de témoigner icy la veneration que nous avons toûjours euë pour cette sainte Princesse, & nous esperons qu'on aura quelque égard à ce témoignage, puisqu'il vient d'une personne qui a eu l'honneur de la voir, qui est née dans une Ville où elle a passé les trente dernieres années de sa vie, & qui a eu quelque temps la conduite du Monastere où elle s'estoit retirée, & où elle a finit ses jours, pendant qu'elle y exerçoit tres-dignement la qualité de Superieure. Donné à Châlons ce huitiéme Avril 1684.

Signé, DU BUYSSON.

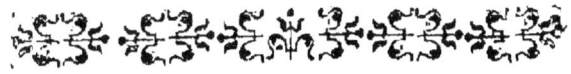

Extrait du Privilege du Roy.

PAr Grace & Privilege du Roy, donné à Versailles le 19. Novembre 1683. Signé, Par le Roy en son Conseil, DALENCE', & scellé : Il est permis au sieur * * * de faire imprimer un Livre intitulé *La Vie de la Duchesse de Montmorency &c.* pendant le temps de *six années;* Et deffenses sont faites à tous Imprimeurs & Libraires de l'imprimer, sur peine de confiscation des exemplaires contrefaits, de mil livres d'amande, & de tous dépens, dommages & interests, comme il est plus au long porté par lesdites Lettres de Privilege.

Regiſtré ſur le Livre de la Communauté des Imprimeurs & Marchands Libraires de cette Ville. Signé ANGOT, Sindic.

Et ledit Sieur * * * a cedé son droit de Privilege à CLAUDE BARBIN, Marchand Libraire à Paris, pour en ioüir pendant ledit temps, suivant l'accord fait entr'eux.

Achevé d'imprimer le quinziéme Avril 1684.

Les exemplaires ont esté fournis.

VIVE IESUS.

Lettre de la Mere Superieure du Monastere de la Visitation sainte Marie de Paris, Fauxbourg saint Iacques, à l'Autheur de la Vie de la Venerable Mere de Montmorency.

MONSIEUR,

Aprés vous avoir témoigné ma joye de l'approbation que Monseigneur le Prince, & plusieurs personnes d'esprit donnent à vôtre bel ouvrage de la Vie de nôtre Venerable Mere de Montmorency, souffrez que je vous décharge mon cœur sensiblement touché, de ce qu'il ne paroist pas que vous ayez fait attention à l'ardente priere que je vous avois faite de ne luy pas donner le titre de Madame, cela nous estant absolument deffendu par nos Constitutions. Vous sçavez, Monsieur, que dans les conferences que nous avons eu avec vous, selon le desir de ma Sœur la Superieure de nôtre Monastere de Moulins, nos Sœurs & nous vous avons dit plusieurs fois que cela estoit contraire à la simplicité & à la profonde humilité qui fait le caractere de nôtre Ordre : Vous nous l'aviez promis, & cependant, Monsieur, il n'y a pas une page où nous ne voyons ce titre indifferemment appliqué à nôtre vertueuse Mere de Montmorency, & même à nos Venerables Meres de Chantal & de Breschart. Cela ne peut estre que fort mal reçû dans nos Maisons, & je m'estimerois indigne de ma profession si je ne vous en témoignois mon déplaisir, vous demandant avec instance une visite pour trouver les moyens de reparer cette faute. C'est une grace que vous ne pouvez refuser,

MONSIEUR,

A vôtre tres-humble & tres-obeïssante servante en nôtre Seigneur, la Superieure du Monastere de la Visitation sainte Marie de Paris, Fauxbourg saint Jacques. Dieu soit beny.

Réponse de l'Autheur à la Mere Superieure du Monastere de la Visitation sainte Marie du Fauxbourg saint Iacques de Paris.

MA REVERENDE MERE,

Je demeure d'accord que dans les entretiens que j'ay eu avec vous & les Religieuses de vôtre Maison sur la Vie de Madame de Montmorency, vous m'aviez fort recommandé de ne luy donner que le nom de Mere, & de retrancher celuy de Dame qui vous est deffendu par vos Constitutions ; il est vray aussi que j'avois promis de vous obeïr, mais aprés que j'ay pensé que son illustre naissance & le grand rang qu'elle a tenu me dispensoient de ma parole : & de plus comme c'est moy qui parle dans l'ouvrage, j'ay crû pouvoir l'appeller Dame, comme on l'appelle ordinairement dans le monde. Vous sçavez qu'aprés sa mort quand on eut observé les ceremonies ordinaires de la Religion, on luy fit de nouvelles funerailles, où l'on rendit à sa qualité les honneurs qui luy estoient deûs, sans craindre que ses obseques magnifiques fussent contraires à l'humilité de l'Ordre. Puisque dans cette occasion on s'est dispensé de suivre vos Statuts, j'ay crû, ma Reverende Mere, pouvoir m'en dispenser à mon tour, sur tout n'ayant pas fait vœu de les observer. La faute que j'ay faite, c'est d'avoir donné le nom de Dame aux Venerables Meres de Chantal & de Breschart ; mais ce nom m'est échapé, & je me suis laissé emporter à la maniere de parler du monde. Cependant j'ay crû à propos devoir faire imprimer vôtre Lettre & la mienne, pour vous disculper dans l'Ordre : car pour le Public, on ne songera pas si je les appelle Dames, qui est le nom que l'on donne indifferemment à toutes les Religieuses. Je suis avec un profond respect,

MA REVERENDE MERE,

Voftre tres-humble & tresobeïssant Serviteur ✶ ✶ ✶

LA VIE
DE
MADAME LA DUCHESSE
DE
MONTMORENCY.

CHAPITRE I.
Naiſſance de Madame de Montmorency, & ce qu'elle a fait juſqu'à ſon Mariage.

ARIE FELICE DES URSINS, fille de Virginio des Urſins, & de Fulvia Perretti, niéce de Sixte V. nâquit à Rome, au mois de Novembre en l'année mil

A

six cens, d'une des plus illustres Maisons de l'Europe, qui non seulement a donné un grand nombre d'Evêques, de Patriarches, de Prefets de Rome, de Generaux d'Armée, de Senateurs Romains, & de Gonfaloniers de l'Eglise, mais où l'on trouve aussi quarante Cardinaux, trois Papes, quatorze Electeurs de l'Empire; & les Princes de ce Nom ont épousé plusieurs Filles de Rois & d'Empereurs.

Elle receut le Batême à Saint Pierre. La Duchesse de Mantouë l'y presenta pour la Reine Marie de Medicis; & en memoire de son Oncle maternel Felix de Perretti, qui estoit Sixte V. on ajoûta le nom de Felice, à celuy de Marie qu'on luy avoit donné. Elle n'avoit que quatre ans, que la Grande Duchesse la demanda au Duc de Bracciano son pere, pour avoir soin de son éducation ; & l'ayant gardée quelque temps auprés d'elle, on la mit au Convent des Religieuses de Saint Benoist, où elle commença à faire connoître l'inclination qu'elle avoit à la vertu.

Dés qu'elle sçût lire, elle recita tous les jours l'Office de la Vierge, jusqu'à la mort de sa Mere, qu'elle dit celuy des Morts. Estant attaquée à sept ans d'une paralisie qui la tint treize mois dans le lit, elle souffrit le mal avec patience, sans témoigner trop de desir d'en estre délivrée; & aprés sa guerison, elle s'attacha à la pieté plus qu'elle n'avoit fait, & ne manqua jamais d'aller au Chœur dire l'Office avec les Religieuses. On luy fit faire sa premiere Communion à dix ans, à laquelle on la disposa par des exercices & des penitences conformes à son âge; & les Communions dignement réïterées, augmenterent le goût qu'elle avoit pour la solitude. Elle eut alors la pensée de dire au Duc de Bracciano son pere, le dessein qu'elle avoit d'estre Religieuse; mais aprés considerant qu'elle estoit encore trop jeune pour faire des Vœux, elle attendit quelques années.

Pendant ce temps, le Duc luy alla dire que la Reine Marie de Medicis la vouloit marier, & qu'il avoit déja donné sa parole. Cette nouvelle la surprit tellement qu'elle n'eut pas d'abord la force de répondre : Elle luy dit ensuite qu'elle feroit ce qu'il voudroit, mais elle luy parla d'un air si triste, que les personnes qui estoient presentes, connurent aisément la peine qu'elle avoit à luy obéir.

Dans ce temps, la Reine envoya à Florence, François des Ursins, Marquis de Traisnel, avec une Procuration de Henry Duc de Montmorency, Admiral & Pair de France, Gouverneur de Languedoc, & Fils du Connestable de mesme nom, pour épouser cette Princesse. Elle entroit dans sa quatorziéme année, & le Mariage se fit dans la Chapelle du Palais du Grand Duc, avec beaucoup de magnificence.

CHAPITRE II.

Madame de Montmorency arrive à la Cour. La maniere dont elle y vit.

PEu de temps aprés, le Marquis de Traisnel & sa femme, conduisirent Madame de Montmorency dans une Galere de France, où elle fut accompagnée de ses deux freres, qui la quitterent à Livourne, avec une sensible douleur. Estant en chemin elle tâcha d'appaiser ses larmes; & comme elle ne portoit son esprit qu'à Monsieur de Montmorency, elle se faisoit souvent entretenir de luy, pour augmenter dans son cœur le seul amour qu'elle y devoit conserver.

Le Connestable la receut à Avignon avec beaucoup de pompe, & il fut surpris de la voir si retenuë. Ses paroles marquoient un esprit formé; & pendant les trois jours qu'il la vit, il connut en elle tant de bonnes qualitez, qu'il dit plusieurs fois, que le plus grand bonheur de son Fils estoit d'épouser une si sage Princesse. Aussi-tost qu'il l'eut quittée, il retourna en Languedoc pour faire partir le Duc, qui fut accompagné de cent Gentilshommes. Il luy parla de sa Femme avec une estime singuliere; & ce grand Homme, qui connoissoit par luy-mesme les vertus dignes de veneration, luy dit celles de la Duchesse, pour luy donner l'idée qu'il devoit avoir de son merite.

Elle arriva à la Cour en mil six cens quatorze, où la Reine la receut avec toutes les marques d'honneur & d'amitié qu'elle luy pût donner. Quoyqu'elle ne fût qu'à sa quatorziéme année, elle avoit la taille belle, l'air plein de douceur & de majesté, le cœur d'une Princesse & d'une Chrétienne; & on trouvoit en elle la charité, la grandeur d'ame, la constance, & tout ce qui peut sanctifier l'éclat d'une éminente fortune. La Reine la presenta au Duc de Montmorency, & la ceremonie du Mariage estant achevée, sa Majesté la retint auprés d'elle.

Ce fut alors que Madame de Montmorency écrivit à une Religieuse de Florence, qui avoit con-
„ tribué à son éducation, Qu'elle
„ commençoit à entrer dans la vie
„ mondaine; qu'elle se trouvoit dans
„ le centre des vanitez, & qu'elle les
„ examinoit pour les bien connoître;
„ qu'elle jugeoit de l'agitation des
„ grandes Cours, où tout le monde
„ s'occupe du plaisir & de l'ambi-
„ tion; qu'elle voyoit les differens
„ partis où l'on s'engage bien moins
„ pour chercher la justice & la rai-
„ son, que par le motif de l'interest
„ & de la fortune. Et considerant le nombre infiny de dangers où la plûpart des Grands sont continüellement exposez, elle les regardoit comme les martirs du monde, qui traînent jusqu'à la mort le joug de l'iniquité.

La mort du Connestable, qui arriva dans ce temps-là, ayant obligé le Duc d'aller en Languedoc, elle demeura à la Cour, & peu de jours après pensant que son mary n'y estant pas, rien ne l'y pouvoit arrêter, elle supplia la Reine de luy permettre de se retirer à Chantilly, pour appaiser sa douleur : mais comme elle se vit retenuë par sa Majesté, elle regla ses occupations, & se fit une maniere de vie pour augmenter sa vertu. Elle fuyoit les divertissemens & les assemblées : Elle se servoit de la mort du Connestable, pour répondre à ceux qui vouloient changer sa conduite; & elle leur demandoit ce qu'on pourroit dire si on la voyoit sensible au plaisir, dans un temps où elle avoit tant de sujet d'affliction.

Après ses prieres, elle s'appliquoit à apprendre la Langue Françoise, & mettoit le reste du temps à lire des Livres pieux, pour se remplir l'esprit des Veritez éternelles. Quand on parloit à la Reine de quelques affai-

res, elle se retiroit, quoyque sa Majesté la voulust retenir; & s'attachant *à la seule chose necessaire*, elle laissoit tout le reste à ceux qui en estoient chargez par devoir, ou qui se l'attiroient par ambition. Le Maréchal de Marillac fit tout ce qu'il pût pour l'obliger d'entrer dans le secret de l'Etat : Il luy montroit les facilitez qu'elle y trouveroit par l'amitié & la confiance que luy témoignoit la Reine, sans oublier de luy exagerer les grands avantages qui retomberoient sur son mary, dont elle devoit contribuër à soûtenir la fortune. Mais toutes ces raisons furent inutiles, & elle luy répondit „ Qu'-
„ elle estoit trop jeune pour avoir
„ dans la conduite des affaires, le
„ discernement que la seule experien-
„ ce peut donner. Ce fut par la même consideration, qu'elle évita toute sorte de liaison avec la Maréchale d'Ancre, qui n'oublioit rien pour la mettre dans ses interests. Enfin ne voulant s'attacher qu'à Dieu, elle

Porrò unum est necessarium. Luc.

negligeoit tout le reste, jusqu'au soin de ses habits; & quand la Reine l'obligeoit à se parer, elle disoit les paroles d'Esther, *Vous sçavez, mon Dieu, l'aversion que j'ay pour les habits precieux, je les regarde comme des marques d'orgueil, je déteste les pierreries qui couvrent ma teste, & ce n'est que par obéissance que je me pare de ces ornemens de la vanité.*

Esther, cap. 14.

CHAPITRE III.

La charité de Madame de Montmorency à un voyage que fit la Reine. Elle apprend la mort de son Frere le Cardinal des Vrsins, & ensuite celle du Duc de Bracciano son Pere.

Madame de Montmorency accompagna la Reine au voyage qu'elle fit à Bordeaux l'année mil six cens quinze. On voyoit encore les restes des guerres passées des Huguenots, qui avoient désolé les plus belles Provinces du Royaume. Celle de Gascogne avoit esté enveloppée dans la desolation generale, & on n'y trouvoit que des Bourgs détruits, des Villes ruinées, & des Villages brûlez. La misere estoit extrême, la faim causée par des troubles qu'il y avoit alors, achevoit de faire mourir ceux qui estoient échappez à la furie des Protestans, & les chemins estoient couverts de malheureux, étendus à terre, si foibles & si défaits, qu'ils n'avoient pas la force de demander du secours. Ce triste spectacle toucha Madame de Montmorency : Elle soulageoit ceux qu'elle voyoit, par des aumômes abondantes, & envoyoit des sommes considerables dans les Bourgs voisins, pour assister les autres. Les familles entieres couroient en foule aux lieux où elle devoit passer, ou pour recevoir son assistance, ou pour la remercier de celle qu'elle leur avoit envoyée. Elle continüa ses aumônes dans tous les lieux où sejournoit la Reine. Il n'y avoit aucun malheureux, quelque caché qu'il fust, dont elle ne découvrist la misere. Elle n'attendoit pas que ceux que la honte retenoit, luy fissent ouïr une voix foible & tremblante, & des paroles à demy articulées, après les avoir assistez par des voyes secretes que la seule charité peut inventer, elle faisoit semblant de ne les pas connoistre; & ne mettant ses aumônes que dans la main de Dieu, elle ne vouloit pas voir celle du pauvre qui les recevoit.

La Cour revint dans un hiver fort rude, qui donna à la Princesse de nouvelles occasions d'assister une infinité de malheureux, que le froid reduisoit à l'extrêmité. On les rencontroit à chaque pas, couchez sur la nége & sur la glace, à demy morts; & elle les faisoit porter par ses gens dans les Bourgs voisins, pour tâcher de leur rendre la vie.

Un Enfant qui la vit passer vers un Hameau, courut aprés le carrosse qui alloit lentement, persuadé que s'il estoit assez heureux pour la voir, il recevroit du soulagement. Comme il y fut arrivé, il monta derriere, en attendant de se presenter à elle au premier lieu où elle s'arrêteroit: mais Madame de Montmorency l'ayant apperçû, se le fit amener. Elle le trouva presque gelé, l'enveloppa dans un manteau, & le mit sur ses genoux pour le faire revenir. Ensuite aprés avoir sçû que son pere estoit mort, & que sa mere estoit malade dans une chaumiere toute découverte, sans autre secours que celuy qu'il luy pouvoit donner par les aumônes qu'on luy faisoit sur les chemins, elle l'interrogea sur nostre créance, pour luy apprendre les articles qu'il ne sçavoit pas; & aprés luy avoir donné une aumône considerable, elle ordonna à deux de ses gens de le remener.

Estant à Poitiers, elle apprit la mort de son Frere le Cardinal des Ursins, & peu de temps aprés, celle du Duc de Bracciano son pere. Elle ne pût moderer les premiers mouvemens de sa douleur, & aucune raison ne la pouvoit consoler : mais aprés, considerant que la vie passe comme une ombre, & que nos jours sont comptez, elle adoucit par ces reflexions la violence de ses déplaisirs.

La mort de son Pere luy fut un

nouveau motif d'éviter les divertiſſemens de la Cour. Elle n'en trouvoit que dans les lieux où eſtoit ſon mary. Elle s'appliquoit à connoiſtre ſon humeur & ſon inclination, pour ne rien faire qui luy fuſt deſagreable. Quand elle le voyoit triſte, elle n'oublioit rien pour le conſoler ; & ſi ſon chagrin eſtoit juſte, elle le partageoit avec luy, entrant dans ſes ſentimens bien moins pour ſe laiſſer accabler à la douleur, que pour le ſoûtenir dans la mauvaiſe fortune. Elle le trouva un jour dans un cabinet, avec l'air d'un homme qui a dans l'eſprit quelque choſe qui le tourmente ; & aprés l'avoir long-temps preſſé de luy dire ce qu'il avoit, il luy répondit que ſon mal eſtoit ſans remede. Ces paroles augmenterent le deſir qu'elle avoit de l'apprendre. Le Duc qui ne pût reſiſter d'avantage, luy dit le ſujet de ſa colere ; & ſon imagination s'échauffant inſenſiblement dans le diſcours, il luy découvrit ce qui luy eſtoit arrivé, avec le deſſein de chercher les occasions de se vanger. Quand il eut achevé de parler, la Princesse feignit d'abord d'entrer dans ses sentimens ; mais ensuite elle ramena son esprit par des reflexions prudentes & chrestiennes. Elle luy fit doucement comprendre les suites fâcheuses qui pouvoient arriver ; & s'en rapportant toûjours à luy avec une adroite soûmission, elle l'engagea peu à peu à suivre son conseil, & à quitter le ressentiment de l'injure qu'on luy avoit faite.

La tendresse qu'elle avoit pour luy estoit ingenieuse à la tourmenter. Elle songeoit quelquefois à l'état où elle seroit s'il mouroit: Alors se representant sous une infinité d'images lugubres, les suites d'une si cruelle separation, elle se faisoit, sans y penser, le tableau des malheurs qui luy devoient arriver ; & le Ciel qui luy découvroit par avance l'état où elle seroit quelque jour, l'accoûtumoit insensiblement à cette funeste peinture, & la préparoit à la plus violente douleur qu'elle pût pûst ressentir. A la fin de ces tristes pensées, elle se jettoit à genoux pour dire l'Oraison Dominicale ; & quand elle prononçoit ces paroles, *Que vostre volonté soit faite*, elle s'offroit à Dieu, & reconnoissoit avec le Prophete, que *son sort estoit entre ses mains*, se disposant à recevoir avec soûmission tout ce qui luy viendroit de sa providence.

Un jour elle accompagna la Reine dans un Convent de Paris, & comme elle vit les Religieuses occupées à rendre à sa Majesté l'honneur qui luy estoit deub, elle se retira doucement, & se glissa dans le Chœur, pour aller mediter. Elle a dit depuis qu'en entrant dans cette Maison elle se sentit touchée d'un mouvement de grace, dont elle ne sçavoit pas la cause. Elle fut deux heures en prieres ; & quand la Reine voulut sortir, on la fit chercher en divers endroits. Ses Filles qui devinoient le lieu où elle pouvoit estre, la trouverent à genoux, l'esprit si attaché à Dieu, qu'elle ne les voyoit pas ; & luy ayant

Les Carmelites.

B

dit que la Reine l'attendoit, elle se leva d'abord, & alla joindre les autres Dames, sans que personne s'apperçûst d'où elle venoit. Elle disoit quelquefois, que *la plus grande science d'un Chrétien, est d'écouter Dieu, & de luy sçavoir parler & répondre.* Ce qu'elle faisoit principalement les grandes Festes, redoublant ses meditations, & se retirant la veille dans un cabinet, où elle passoit en prieres une partie de la nuit pour se disposer à la Communion.

CHAPITRE IV.

La reception de Madame de Montmorency dans le Languedoc, comme Gouvernante de la Province. La maniere dont elle y vit, & la conduite qu'elle a dans sa famille.

APrés que Madame de Montmorency eut demeuré quelques années à la Cour, elle alla dans le Languedoc, dont le Duc estoit Gouverneur. Le peuple la receut avec des cris de joye, dans tous les lieux où elle passoit ; & on couroit en foule sur les chemins pour la voir, & pour la combler de benedictions. Quand elle arriva à Montpellier, toute la Ville retentissoit du bruit des trompettes, du canon & des acclamations publiques. Elle receut les complimens de tous les Eſtats, auſquels elle répondit avec une modeſtie & une juſteſſe admirable. Elle fit de grandes liberalitez, moins par la vaine pompe qui ſuit les Grands, que pour ſoulager une infinité de malheureux, dont elle eſtoit accablée; & lors que les Gentilshommes de la Province luy allerent rendre l'honneur qu'ils luy devoient, elle les traita avec tant de circonſpection, & ſceut ſi bien diſtinguer leur rang, qu'ils furent tous ſatisfaits.

Les ceremonies eſtant achevées, elle demanda le nom de toutes les pauvres Familles du lieu de ſa reſidence, à qui elle donna des penſions, pour adoucir leur miſere. Elle faiſoit ſubſiſter pluſieurs Maiſons Religieuſes. On la voyoit dans les Hoſpitaux, auprés des malades, ſans que leurs maux bleſſaſſent ſa delicateſſe, ny que la pâleur de leur viſage extenüé par de longues fiévres, luy puſſent donner du dégoût.

On la trouvoit auſſi dans les Priſons occupées à ſoûtenir par ſes pa=

roles & par ses aumônes le courage de plusieurs personnes abandonnées. Elle exhortoit les criminels à souffrir constamment la perte de leur liberté, & leur apprenoit le bon usage qu'ils pouvoient faire de leur malheur. Elle donnoit pour les autres les sommes d'argent qu'ils ne pouvoient payer eux-mesmes, & cherchant toûjours de nouvelles occasions de charité, elle demandoit souvent à son Mary la grace des Soldats deserteurs, qui estoient sur le point de perdre la vie.

Sa prudence estoit si connuë dans la Province, que toutes les personnes de qualité la prioient d'estre arbitre de leurs differens. Elle arrestoit les procez ; elle assoupissoit les haines anciennes, qui ruinoient des Maisons illustres : Elle reconcilioit les Enfans avec leurs Peres ; & prevenoit par ces unions, les desordres qui auroient accablé leur Famille. Elle en soulageoit plusieurs par des aumônes secretes, & elle tiroit les veuves & les orphelins de l'oppression qu'ils souffroient par l'injustice & par l'authorité de leurs Ennemis.

Elle déploroit l'aveuglement de quelques personnes de son temps, qui après leur élevation avoient quitté la vertu qu'ils aymoient auparavant dans une mediocre fortune. Ce funeste changement luy faisoit faire des reflections sur les desordres que causent les grandeurs dans une ame Chrêtienne; Et un jour, comme elle consoloit une Dame qui avoit perdu tous ses biens, elle tâcha de luy persuader les avantages de la pauvreté. Elle luy dit ,, Que la fortune ,, nous faisoit ordinairement retirer ,, nos pensées du Ciel, pour ne les ,, porter qu'aux biens presens; qu'on ,, les possedoit avec le même repos ,, que s'ils estoient éternels ; & que ,, dans leur possession on oublioit or- ,, dinairement la mort, comme si elle ,, ne devoit jamais arriver; ou qu'on ,, ne la regardoit que comme un ,, fantôme qui n'est propre qu'à amu- ,, ser l'esprit d'un Solitaire.

Quand cette Princesse fut dans

le Languedoc, le Duc luy donna la conduite de sa Maison. Elle n'avoit alors que dix-sept ans, & elle commença à choisir les Domestiques dont on vouloit augmenter son train. La vivacité de l'esprit, & les agrémens de la personne la touchoient peu, elle demandoit la vertu dans ceux qui la vouloient servir, & se persuadoit que le reste estoit souvent dangereux : Neantmoins elle souffrit auprés d'elle deux Escuyers heretiques, dans l'esperance de les convertir. Ce qu'elle fit dans la suite ; & ils ont depuis avoüé que sa douceur & sa patience avoient le plus contribué à leur conversion. Elle souhaittoit que ses Filles fussent retenües, sans empêcher leur divertissement, pourvû que le danger en fust éloigné ; & comme elle vivoit dans une grande perfection, & qu'elle ne s'en servoit pas pour ménager des intrigues, elle veilloit sur leurs mœurs & sur leur conduite. Le nombre de ses Gens estoit mediocre, & se contentant de six Pages, elle voulut reduire à douze les vingt-quatre de son Mary : Mais il la pria de les luy laisser, afin qu'ils fussent à elle & à luy. *Et je ne les garde,* adjousta-t-il, *que pour ceux qui vous manquent.*

Sa Maison estant faite, la principale obligation qu'elle imposa à ses Domestiques, fut de vivre en paix. Il estoit rare de voir parmy eux de l'emportement & de la contestation. Peu se hasardoient à parler de leurs compagnons avec mépris, ou avec envie. Les rapports estoient mal receus, sur tout quand on se faisoit un plaisir de dire quelque faute d'un autre, pour avoir occasion de se vanger. Aucune de ses Filles n'osoit luy parler de beauté. Elle ne souffrit jamais qu'on la flatast d'attraits ; & si elle en avoit, elle estoit la seule de ne les pas connoistre. Elle prenoit garde à ne pas se laisser surprendre au langage de l'hypocrisie, & elle se défaisoit aussi-tôt de ceux qui n'ayant pour fin que l'interest, se servoient de l'apparence de la vertu pour établir leur fortune.

Elle fit dans sa Famille une maniere de vivre Chrétiennement, qui estoit suivie de tout le monde, chacun s'attachoit à son salut, sans interrompre ses occupations. Un Aumônier avoit soin de les instruire, & sa Maison n'estoit pas comme celles de la plûpart des Grands, où souvent l'on n'entend parler de Dieu, que quand on le blasphême. Si quelqu'un manquoit à son devoir, elle prenoit garde, avant que de l'avertir, si c'estoit par foiblesse ou par habitude : Et comme elle sçavoit qu'il est difficile de se soûtenir toûjours également dans son employ, elle excusoit la premiere, sans pouvoir souffrir les mauvaises inclinations. Elle reprenoit en particulier ceux qu'elle y voyoit attachées, & la correction estoit courte & sans aigreur. Elle vouloit avoir soin elle-mesme de leur fortune, & au lieu de borner ses liberalitez à leurs personnes, elle soulageoit leurs parens par des aumônes considerables.

Si quelques-uns d'eux estoient malades, elle les visitoit tous les jours, sans rien épargner de tout ce qui pouvoit contribuër à leur guerison. On la surprenoit souvent elle-même en leur donnant quelque secours. Elle diminüoit leurs maux par sa douceur, & son zéle leur apportoit un soulagement qui quelquefois les guérissoit pluftôt que tous les remedes.

Sa patience n'alloit pas seulement à pratiquer dans sa maison toutes les differentes vertus, dont nous venons de parler, elle y trouva de plus rudes peines pour une femme aussi attachée à son mary, qu'elle l'estoit. Quoyque le Duc luy témoignât beaucoup d'estime, il avoit neantmoins quelque inclination pour certaines personnes, qu'il voyoit presque tous les jours. Comme cette Princesse connut que le cœur de son Mary n'estoit pas pour elle seule, elle le luy demanda souvent tout entier: mais elle remarquoit avec bien de la douleur, que l'amour continüoit d'y faire des desordres dont elle se plaignoit en elle-mesme, sans l'oser dire à personne. Elle estoit quelquefois si triste qu'elle n'avoit pas la force de parler. Le Duc, qui faisoit semblant d'ignorer la cause de son déplaisir, luy demanda vn jour, si elle estoit malade, & luy ayant répondu *qu'elle se portoit bien*, Cependant, Madame, reprit-il, vostre visage paroist changé. *Il est vray*, dit-elle en rougissant, *mais mon cœur ne l'est pas, & cela vous doit suffire*. Ces mots furent suivis d'un torrent de larmes, que le Duc tâcha d'appaiser par le regret qu'il luy témoigna de causer sa douleur. Il luy promit dans ce moment tout ce qu'elle voulut; mais peu de jours après, il oublia sa parole, & reprit secretement ses premieres inclinations.

Quand Madame de Montmorency vit le Duc entraîné par cette malheureuse passion, elle chercha les moyens de l'en guérir sans luy faire des reproches & des plaintes, comme ces femmes qui se sentant des foiblesses cachées, font éclater les desordres de leurs maris, devant tout le monde, pour avoir lieu elles mesmes de justifier leur mauvaise conduite. Elle demandoit à Dieu de répandre dans son esprit un rayon de grace, afin qu'il connust l'état de son ame, & les suites de ces attachemens criminels. Cependant elle l'aimoit toûjours avec la mesme tendresse, sans luy témoigner de jalousie. Elle évitoit de sçavoir le détail de ses actions, pour ne luy parler que de choses agreables ; & si quelquefois elle se laissoit surprendre à quelque marque de douleur, elle l'attribuoit à une cause éloignée, pour cacher la veritable, de peur de luy donner du chagrin, & elle attendoit dans cet état, que la Misericorde divine tirast son cœur de la corruption.

Elle eut la mesme patience pour une de ses Filles, que le Duc consideroit plus que les autres. Quoyque cette distinction la rendit orgueilleuse, neantmoins la douceur de la Princesse la fit rentrer en elle-mesme, & elle s'alla jetter à ses pieds, pour luy

demander pardon de ses emportemens. Le Duc, qui à la fin se sentit
aussi touché de sa moderation, abandonna tous ses engagemens, & il
luy a témoigné plusieurs fois depuis
le regret qu'il avoit de ses foiblesses
passées.

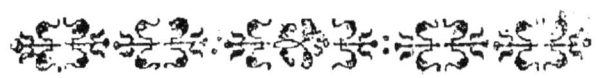

CHAPITRE V.

Madame de Montmorency retourne à la Cour, où elle apprend la maladie de son Mary.

APrés que Madame de Montmorency eut esté quelques années en Languedoc, elle retourna à la Cour. La Reine, qui conservoit toûjours pour elle une estime particuliere, la receut avec beaucoup d'amitié : Et sa Majesté ayant appris la maniere dont elle avoit vêcu, & les grands biens qu'elle avoit faits dans son Gouvernement, luy en parla devant plusieurs personnes, pour luy témoigner que le bruit de ses bonnes œuvres estoit allé jusqu'à elle. La Duchesse la remercia de ses bons sentimens. Elle luy dit, qu'elle voudroit pouvoir faire des actions dignes de l'honneur de son souvenir :

Et sa Majesté, qui connut l'embarras où ses loüanges la jettoient, changea de discours, & luy demanda les choses remarquables de certaines Villes où elle avoit passé.

Dans ce temps les Huguenots commencerent à faire des revoltes dans le Languedoc, à cause du Mariage du Vicomte de Lestrange avec la Dame de Privas ; & le nombre des mutins, qui augmentoit chaque jour par les ligues secretes qu'ils faisoient dans plusieurs endroits de la Province, obligea le Duc de Montmorency de partir, pour arrester ces desordres. Quoyque la Duchesse fût dans une grande inquietude, elle continüa la vie Chrêtienne qu'elle avoit accoûtumée, & Louis XIII. qui connoissoit parfaitement son merite, la proposoit à toutes les Dames, comme un exemple de vertu.

Elle vivoit éloignée des compagnies où l'on déchire la reputation des personnes qu'on veut abaisser, quand on se sent trop foible pour s'élever à leur perfection. Elle n'attribuoit les bonnes actions ny à la vanité ny à l'hypocrisie ; & au lieu de chercher dans les cœurs des motifs criminels, elle loüoit le bien qu'elle voyoit, laissant à Dieu, qui penetre les secrets des hommes, à juger de leur intention. Elle haïssoit les railleries, pour les suites dangereuses qu'elles pouvoient avoir. Elle ne souffrit jamais de conversation galante ; & toute la Cour avoit un si grand respect pour elle, que quand on parloit de quelque intrigue de libertinage, & qu'on la voyoit approcher, on quittoit aussi-tôt le discours pour s'entretenir de choses serieuses, & sa seule presence suffisoit pour inspirer la vertu.

Ayant appris que le Duc estoit tombé malade devant Montauban, d'une fiévre contagieuse, & qu'on l'avoit porté à Rabastens, elle partit aussi-tôt pour l'aller secourir. L'amour qu'elle avoit pour luy l'agitoit de mille tristes pensées, & sa douleur luy faisoit imaginer dans l'avenir un malheur qui ne devoit pas arri-

arriver. A proportion qu'elle approchoit de Rabaſtens, elle ſentoit augmenter ſon agitation. Elle y arriva avec une inquietude mortelle, & comme elle trouva le Duc à l'extrémité, elle le couvrit de larmes, & prit toutes les penſées qu'elle avoit cuës en chemin pour des preſſentimens de ſes maux. Les Medecins la firent conduire dans une chambre, où levant les yeux & les mains au Ciel, comme une femme accablée de douleur, elle chercha dans la volonté de Dieu, la ſeule conſolation qu'elle devoit attendre. Elle aſſiſta nuit & jour le Duc. Enfin contre l'attente de tous ceux qui le ſervoient, il donna quelque eſperance de vie, & ſe rétablit peu à peu. Enſuite il prit le chemin de Touloufe, pour remedier avec le Parlement, aux troubles que le mauvais ſuccez du Siege de Montauban pouvoit exciter dans la Province, & la Ducheſſe ſe retira à Montpellier, où elle continüa de vivre dans l'exercice des bonnes œuvres qu'elle avoit commencées.

CHAPITRE VI.

Madame de Montmorency prend congé de Madame Henriette de France, Reine d'Angleterre; & elle suit la Cour à la guerre de Savoye.

LE Duc de Montmorency ayant appaisé les troubles de Languedoc, retourna à la Cour avec la Duchesse, pour prendre congé de Madame Henriette de France, qui estoit sur son départ pour l'Angleterre. Comme elle estoit fort aimée de cette Princesse, elle en receut toutes les marques d'estime qu'elle pouvoit souhaiter. Aprés qu'elle fut partie, Madame de Montmorency retourna en Languedoc, où elle fut quelque temps avec une santé mediocre ; & ensuite, soit de la tristesse qu'elle avoit d'estre toûjours éloignée de son Mary, soit à cause des penitences secretes & continuëlles qu'elle faisoit, elle eut un dégoût de toute sorte de nourriture, & tomba malade. Le Duc qui estoit sur mer, touché de cette nouvelle, l'alla voir, & fut six semaines auprés d'elle, sans la quitter.

Pendant le cours de sa maladie, qui fut accompagnée de plusieurs fâcheux accidens, on ne l'entendit jamais se plaindre. Elle regardoit son mal, disoit-elle, *comme un ouvrage qu'il faut faire patiamment, & qu'on ne quitte que lors qu'il est achevé.* Quand elle eut recouvré un peu de forces, elle passa deux ans avec moins d'incommodité; & aprés elle tomba dans une langueur dont elle ne pouvoit connoistre la cause. Il est vray que les déplaisirs luy estoient ordinaires. Elle apprenoit les trahisons secretes qu'on faisoit contre le Duc ; mais ne l'estimant pas indigne d'estre traité comme le sont les grands Hommes, elle souffroit patiamment les mauvaises intentions de ses ennemis.

Cependant sa langueur continüoit toûjours & devenoit dangereuse. Ses forces diminüoient, & on voyoit sur son visage des marques d'un mal qui l'alloit accabler. Ce qui la soûtint, fut d'apprendre que le Duc avoit gagné la Bataille contre les Huguenots de la Rochelle ; qu'il s'estoit rendu maître des Isles de Ré & d'Oleron ; & qu'aprés une Procession generale pour remercier le Ciel de la victoire qu'il avoit remportée, il avoit reçû les acclamatioons du Peuple, qui joüissant de la prosperité de ses armes, l'appelloient *le Restaurateur de la France*. Elle sceut aussi que le Pape l'avoit honoré d'un Bref, où il faisoit l'éloge de son courage. Enfin la gloire qu'il avoit acquise, & son arrivée qui fut quelque temps aprés, ayant rendu en quelque façon la santé à la Duchesse, ils allerent tous deux à la Cour, où il se défit de sa Charge d'Admiral ; & ensuite ils retournerent ensemble dans leur Gouvernement.

Le Duc apprit en ce temps la prifon, & peu de jours aprés, la mort du Comte de Boutteville fon coufin. Comme il l'aimoit beaucoup, cette nouvelle le toucha fenfiblement. Madame de Montmorency, qui adoroit la Providence dans tous les évenemens, cacha le déplaifir qu'elle avoit, pour ne pas augmenter celuy de fon Mary; & aprés luy avoir perfuadé la foûmiffion qu'on doit à Dieu, elle luy donna la force de finir fa douleur.

Quelque temps aprés, on commença la guerre contre le Duc de Savoye, à caufe des contraventions au Traité de Suze. Ce qui obligea le Roy d'envoyer au fecours de Cazal, une Armée, fous la conduite du Cardinal de Richelieu. Monfieur de Montmorency y voulut aller Volontaire; & le bruit de fon Voyage s'eftant répandu par tout, en arrivant à Lyon, il trouva toute la Nobleffe du Vivarez, qui s'y eftoit renduë, pour recevoir fes commandemens. On prit dans la fuite Pignerol & Thurin.

Quelque temps aprés, le Roy se rendit à Grenoble, & le Duc qui alla au devant de sa Majesté, en fut receu avec plusieurs marques d'estime, disant quand il le vit approcher, qu'il estoit le plus vaillant homme de son Royaume. Quelques jours aprés il eut ordre de repasser les Monts pour commander les Troupes qui estoient aux environs de Pignerol. Ensuite il retourna vers le Roy, qui, avec six à sept mille Hommes de pied & huit cens Chevaux, l'envoya à Veillanne, où estoit le Duc de Savoye avec quinze mille Hommes de pied, & quatre mille Chevaux. Il commença par chasser une partie des Ennemis, d'un poste considerable; & se sentant allumé d'un courage extraordinaire, il passa avec peu de gens devant leur gros Bataillon, dont il essuya la décharge, aussi bien que celle des Carabins, qui ne l'empêcherent pas de pousser jusqu'au premier Escadron, où rencontrant le Prince Doria qui combatoit à la teste, il le blessa de deux coups d'épée, qui le mirent hors

la D. de Montmorency.

de combat, & qui le firent tomber entre ſes mains. Enſuite il continua avec la meſme vigueur, & perça juſqu'au cinquiéme rang : Et ce qui eſt incroyable, il chargea le gros de la Cavalerie qui s'avançoit pour ſoûtenir leurs compagnons. Aprés quoy allant droit à un gros Bataillon d'Allemans, il l'enfonça avec un courage accompagné d'un bonheur qu'aucun homme ne peut attendre. Les ennemis, qui croyoient l'avoir tué, le voyans tout couvert de feu, qui rompoit leurs rangs & renverſoit leurs Soldats par terre, furent ſaiſis d'une telle frayeur, que ſans regarder s'il eſtoit ſuivy, ils ſe mirent d'abord en déroute ; & aprés avoir jetté leurs armes, plus de trois cens des fuyards ſe précipiterent dans un grand foſſé plein d'eau, où ils ſe noyerent. Enfin les ſiens meſmes eſtoient épouvantez de voir quatorze ou quinze Compagnies des vieilles Bandes de l'Empereur, défaites par un ſeul homme. Et ce qui eſt admirable, eſt que de tant de coups qu'il

reçeut, pas un ne fut fanglant, qu'u-
ne égratignure qu'il eut à la lévre.

Le Prince de Piémont, qui du haut des retranchemens de Veillanne voyoit défaire ceux à qui il avoit promis le pillage de l'Armée Françoise, n'ofa jamais defcendre pour les foûtenir, tant il fut éfrayé du courage du Duc de Montmorency. Aprés la victoire, deux Chevaux-legers de la Garde, luy prefenterent le Prince Doria, qu'il traita avec toute la douceur & l'honnêteté imaginable. Il le confola de fa défaite, & commanda à des Soldats de le porter à Javenne le plus doucement qu'ils pourroient, avec ordre à fes gens d'en avoir autant de foin que de luy-même.

La Lettre du Roy du 12. Juillet

Le Roy écrivit à la Reine qui eftoit à Lyon, pour luy témoigner la reconnoiffance extrême qu'il avoit des grands fervices que le Duc de Montmorency venoit de luy rendre. Il la pria de fe réjoüir de fa victoire avec la Ducheffe. Et la Lettre dont fa Majefté honora le Duc, parmy plusieurs témoignages d'amitié, contenoit ces paroles, *Ie me sens obligé par cette derniere action, autant qu'un Roy le peut estre envers son Sujet.*

Peu de temps aprés, il prit Saluces & Revel ; & ensuite on vit arriver Jules Mazarini, qui demeura d'accord avec les Generaux d'une Tréve jusqu'au quinziéme d'Octobre. Comme il ne s'agissoit plus que de Negociations pour la Paix, le Duc alla à Lyon, où le Roy qui y estoit dangereusement malade, luy renouvella les marques de sa tendresse, & luy témoigna beaucoup de confiance ; & estant revenu en santé, il le fit Maréchal de France, pour le recompenser des grands services qu'il luy avoit rendus, & pour ôter la difficulté que faisoient les autres Maréchaux de rouler avec luy dans le commandement des Armées, où sa naissance & son grand merite l'avoient depuis longtemps élevé.

La Duchesse avoit suivy la Cour pour estre plus prés de son mary, & pour en avoir tous les jours des

C'est Mr le Cardinal Mazarin.

nouvelles. Les perils continüels où il eſtoit, la tenoient dans de mortelles inquietudes. Elle ſe figuroit à tout moment qu'on luy alloit apprendre ſa mort; & quand elle recevoit de ſes Lettres, elle craignoit toûjours d'y trouver quelque choſe de funeſte.

Quelque temps aprés la fin de la guerre, elle preſenta au Batême, avec le Cardinal de Richelieu, Monſieur le Prince de Conty. Toute la Cour ſe rendit à l'Hôtel de Montmorency, où l'on fit des magnificences extraordinaires: Et ce fut en cette occaſion où le Roy, aprés avoir long-temps entretenu la Ducheſſe, dit enſuite devant tout le monde, *Qu'il venoit de découvrir tant de perfection en ſa Couſine, qu'il deſeſperoit de la pouvoir imiter.*

L'an mil ſix cens trente-trois, elle tomba malade d'une fluxion qu'elle prit à Lyon, où elle avoit paſſé les nuits à la feneſtre, pour attendre les Courriers que luy envoyoit ſon Mary: mais bien loin de s'affliger de ſes infirmitez qui luy estoient ordinaires, elle disoit, Qu'elle recevoit les maux comme des avertissemens que Dieu donne aux Grands pour les détacher de la pompe qui les environne, & les faire rentrer en eux-mesmes, afin qu'ils pensent quelquefois que leur élevation ne les rend pas immortels.

CHAPITRE VII.

La conduite de Madame de Montmorency, envers son Mary, quand Monsieur le Duc d'Orleans se voulut retirer dans le Languedoc.

LE Duc d'Orleans, qui pour quelques mécontentemens avoit quitté le Royaume, ayant esté quelque temps en Lorraine, voulut retourner en France, & se retirer dans le Languedoc. Ce bruit allarma Madame de Montmorency, qui empêchoit son mary, autant qu'elle pouvoit, de l'y recevoir, luy montrant le danger où il exposeroit son honneur & sa vie. Elle le faisoit souvenir des graces qu'il avoit receuës de sa Majesté, en tant d'occasions differentes. Elle le prioit de considerer les suites fâcheuses que pouvoit avoir cette retraite ; & aprés avoir tâché de reveiller dans son cœur la fidelité qu'il devoit au Roy, elle luy representoit le peu d'estime que Monsieur luy témoignoit, le choisissant plûtôt qu'un autre Gouverneur de Province, pour le mettre dans ses interests, comme s'il le croyoit moins obéïssant au Roy que les autres, & d'un esprit plus porté à la rebellion. A toutes ces raisons elle joignoit celles de son amour, & luy fit connoistre le malheureux état où il l'alloit reduire elle-même par la douleur continüelle qu'elle auroit de son entreprise.

Monsieur de Montmorency luy dit qu'il ne pretendoit pas rien faire contre le service du Roy, en s'engageant dans le party de Monsieur ; qu'il consideroit au contraire, que son Altesse Royale estoit depuis long-temps parmy les ennemis de l'Etat, qui l'entretenoient dans la dissention en l'éloignant toûjours plus de la Paix & de l'obéïssance : Que quand il seroit dans le Languedoc, on luy donneroit des sentimens plus justes, n'eſtant qu'avec des Sujets fidelles ; & qu'enfin il prenoit cette occaſion comme un moyen qu'il croyoit infaillible pour terminer les brouilleries, & pour le remettre en grace auprés de ſa Majeſté.

Quand il eut ceſſé de parler, elle luy fit voir ſi clairement que ſes bonnes intentions ſeroient mal expliquées ; & adjouſta tant de raiſons & tant de larmes pour achever de le perſuader, qu'il luy promit de ne ſe plus mêler des affaires de ſon A. R. En effet il fut quelques jours dans cette penſée, & l'auroit toûjours ſuivie, ſi d'Elbene qui eſtoit à Monſieur, ne le fuſt aller voir pour le remettre dans ſes intereſts. Il confera avec luy dans ſa maiſon de la Grange, & ſceut ſi bien menager ſon eſprit, qu'il l'engagea dans le party de ſon A. R. à qui il alla auſſi-tôt rapporter ſes deſſeins, & revint prendre avec luy les moyens de les faire réüſſir.

Le Duc qui connoiſſoit l'oppoſition de ſa Femme, luy cachoit tout ce qu'il faiſoit. Il parloit avec d'Elbene, dans une Saile, pendant la nuit; & afin qu'elle ne pûst découvrir leurs entreveües secretes, il feignit d'estre indisposé, & voulut coucher dans une Chambre separée, pour les pouvoir continüer. Neantmoins Madame de Montmorency qui soupçonnoit quelque chose de ce qui se passoit, ordonna à deux de ses Gentilshommes, à qui elle se confioit le plus, de sçavoir adroitement, avec qui le Duc conferoit pendant la nuit. Ces gens l'ayant aisément découvert, entrerent le lendemain dans sa Chambre, avec un air de tristesse, & elle leur dit en les ,, regardant, Qu'elle voyoit bien par ,, leur silence, que ses soupçons es- ,, toient veritables, & que son Mary ,, avoit repris pour son Altesse Roya- ,, le les mesmes sentimens qu'elle a- ,, voit tâché de luy ôter. Cependant elle ne le croyoit pas engagé comme il l'estoit. Elle attendit une nuit qu'il fust remonté dans sa Chambre; alors, aprés avoir fait retirer tout le monde, elle se jetta à ses genoux, le visage couvert de pleurs, & luy dit tout ce que la fidelité d'une Sujette pour son Roy, & la tendresse d'une Femme pour son Mary, luy pûrent inspirer de fort & de touchant, afin de l'éloigner du party de son A. R.

Quoyque Monsieur de Montmorency fust attendry de l'état où il la voyoit, cependant il ne changea pas de pensée ; & quelques jours après il luy avoüa son engagement. La Duchesse apprit cette nouvelle avec une douleur extrême. Dés ce moment toute sa Maison changea de face. Elle fuyoit la veuë de tout le monde, & on ne la trouvoit qu'en des endroits cachez, les yeux noyez de larmes. Mais quel fut l'accablement d'affliction où se trouva cette Princesse, quand le Duc alla prendre congé d'elle ! Aprés luy avoir dit quelques mots à demy articulez, *Dans quel état me laissez-vous*, ajoûta-t-elle ? *Vos ennemis me vont accabler sous vos ruines.* Le Duc sentant alors redoubler la tendresse qu'il avoit pour

Le Duc de Montmorency prit congé de la Duchesse le 24. Aoust 1632.

pour elle, sortit de la Chambre, en s'écriant, *ô Dieu! que tout le malheur de mon entreprise, s'il en doit arriver, tombe sur moy, & que ma Femme ne soit pas enveloppée dans ma mauvaise fortune !*

Quand il fut sorty, elle se jetta à genoux devant un Crucifix, pour demander à Dieu de changer le cœur de son Mary ; & à mesme temps, s'abandonnant à sa volonté, & renouvellant la soûmission qu'elle avoit toûjours euë à sa parole, elle s'offrit à luy, comme une victime preste à recevoir tous les coups dont il la voudroit frapper.

CHAPITRE VIII.

Madame de Montmorency apprend les blesseures & la prison de son Mary, & elle sort deux fois de Beziers.

PEu de jours aprés que Monsieur de Montmorency fut party, le bruit courut que les Troupes du Roy l'avoient fait prisonnier. Madame de Montmorency en apprit la nouvelle avec une extrême douleur, & envoya aussi-tôt son Escuyer & son Medecin pour luy donner du soulagement. Le Duc s'estant d'abord informé de l'estat où elle estoit, *Cachez luy*, ajousta-t-il, *le nombre & le danger des coups que j'ay receus: Mais dites-luy que la blesseure que j'ay faite à son cœur, m'est mille fois plus sensible que toutes celles que je sens.* Com-

<small>Il avoit receu dix-huit blesseures.</small>

me elle sceut au retour de son Escuyer, qu'on le devoit conduire au Château de Leytoure, elle envoya tous les jours de ses gens aux environs, pour apprendre de ses nouvelles; & elle estoit dans la derniere affliction de ne le pouvoir servir elle-mesme pour le consoler.

En ce temps, une Femme qui passoit pour Magicienne, demanda à luy parler. Elle luy dit qu'elle vouloit appaiser ses larmes, en luy donnant les moyens de tirer son Mary de prison. Madame de Montmorency, qui ne trouvoit aucune apparence de verité dans le discours de cette Femme, fut sur le point de la renvoyer; mais comme elle la vit échauffée à parler, elle écoûta tout ce qu'elle avoit à luy dire. Elle luy proposa diverses manieres de sortileges, avec quoy elle pretendoit venir à bout de son dessein. La Princesse, sans mesme faire reflexion que ces moyens estoient chimeriques, & ne regardant que la gloire de Dieu, fit chasser cette malheureuse, & lui

La Vie de Madame

dit, *Que si le Ciel vouloit sauver son Mary, il estoit assez puissant pour le faire sans le secours du Demon.* Ensuite elle s'enferma dans un Cabinet, sans voir que peu de personnes. Elle estoit accablée de maux & de déplaisirs, & toute la consolation qu'on luy donnoit, ne faisoit qu'aigrir sa douleur. Alors elle resolut de s'aller jetter aux pieds du Roy, pour appaiser sa colere & demander la vie de son Mary. Mais comme ses ennemis la faisoient complice de sa revolte, le Roy ne la voulut pas voir. Ce qui fut une des plus sensibles afflictions qu'elle receut dans le cours de ses déplaisirs.

Ce fut en ce temps-là que Monsieur de Montmorency luy envoya dire de ne plus songer à luy, & de remettre entre les mains de Dieu sa bonne & sa mauvaise fortune. Et comme il estoit asseuré de luy donner quelque sorte de soulagement en luy apprenant la situation de son cœur, il luy écrivit qu'il ne pensoit plus au monde, & que jusqu'alors ayant tout fait pour la vanité, il commençoit à lever les yeux au Ciel pour connoître le veritable bonheur; Qu'il attendoit sans inquietude ce qu'il deviendroit; que Dieu luy donnoit des consolations interieures qui le rendoient heureux au milieu de ses maux : Qu'il regardoit sa prison comme un effet de sa misericorde; qu'il ne consideroit plus la vie, que par rapport à l'éternité, & qu'il se préparoit à mourir quand il plairoit à sa Providence.

Madame de Montmorency lisoit avec des torrens de pleurs, la peinture que le Duc luy faisoit de l'état de son ame; & son cœur tourmenté par un fatal pressentiment, sentoit déja le malheur qui luy devoit arriver. Elle crût qu'ayant appris qu'il devoit bien-tôt mourir, il la vouloit disposer à recevoir cette nouvelle avec moins de douleur. Dans cet état elle imaginoit cent choses impossibles, qui luy sembloient aisées pour le sauver. Mesme elle fut sur le point de s'aller embarquer sur la mer, feignant de retourner en Italie, pour faire courir le bruit qu'elle avoit pery : Et elle crût que la pensée qu'on auroit de sa mort, obtiendroit la vie de son Mary, par le dessein que l'on formeroit de faire en luy une grande Alliance. Mais aprés, Dieu la ramena à elle-même. Il lui fit connoistre l'injustice de son action ; & tournant son cœur vers lui, il la disposa à ne souhaiter aucun soulagement que celui qui viendroit de sa misericorde.

On lui dit alors que les Troupes du Roy n'estoient qu'à une lieuë de Beziers, où elle avoit joint Monsieur le Duc d'Orleans, non par aucune liaison qu'elle eust avec lui, mais seulement pour l'obliger à demander la vie de son Mary. Comme elle n'estoit point en seureté, elle sortit de la Ville à minuit, accablée d'affliction, & avec une si grande fièvre, qu'elle ne pouvoit se tenir debout ; & son Altesse Royale aida elle-même à la porter dans une Litiere. La précipitation de ses gens, le desordre de son équipage, le trouble d'une Ville assiegée, & les cris d'un peuple désolé, mêlez de frayeur & de compassion, rendoient sa sortie lugubre. Les uns persuadez de son innocence, laissoient échaper quelques mots pour la deffendre : Les autres ébranlez par les faux bruits qui couroient, ne prenoient aucune part à ses malheurs ; & il y en avoit qui par crainte n'osant la plaindre devant tout le monde, repandoient des larmes secretes sur sa mauvaise fortune.

Le jour suivant, estant arrivée à Lonzac, elle y trouva une nuit encore plus effroyable que la precedente. La resolution qu'on prend de faire passer son A. R. dans le Roussillon, acheve de ruiner entierement le peu d'esperance qui lui reste de la vie de son Mary. Elle n'avoit aucune force pour s'opposer à ce dessein ; & elle fut presque au desespoir, jusqu'au lendemain que Monsieur le Duc d'Orleans receut ordre de retourner à Beziers, où elle le suivit peu de jours aprés. Elle sceut que ses ennemis faisoient passer sa sortie pour une suite de rebellion, & qu'ils disoient qu'elle ne fuïoit que pour exciter de nouveaux troubles dans les lieux où elle s'estoit retirée. On publia dans le mesme temps, qu'elle faisoit des intrigues secretes pour entretenir les peuples dans la revolte, & que c'estoit pour ce dessein qu'elle redoubloit sa douceur, afin de gagner toutes les personnes qui la voyoient ; & allant chercher mesme jusques dans ses vertus, de nouvelles raisons pour la perdre, on tâchoit de persuader que ses liberalitez & les aumônes qu'elle avoit faites, n'estoient que des traits de politique pour donner de bonnes impressions d'elle, afin de glisser plus facilement au besoin, dans l'esprit des peuples, ce qui pourroit continuer la rebellion.

A peine fut elle à Beziers, qu'elle receut commandement de se retirer à la maison de la Grange. Ce qu'elle fit, aprés avoir prié son Altesse

Roïale de se souvenir de la parole qu'il lui avoit donnée, de ne rien oublier pour sauver la vie à son Mary. Ce fut alors que le peuple perdit entierement pour elle le reste des bons sentimens qu'ils avoient conservez. Chacun la regarda comme la cause de ses malheurs. Quand elle sortit de la Ville, les uns fermoient les portes & les fenestres de leurs maisons, de peur d'estre soupçonnez d'avoir la moindre liaison avec elle : Et les autres disoient publiquement que son ambition & son imprudence avoient perdu son Mary, & attiré sur eux tous les maux dont ils estoient menacez.

CHAPITRE IX.

Madame de Montmorency apprend la mort de son Mary.

Quelque sujet qu'eust la Duchesse de craindre pour son Mary, elle ne se pouvoit persuader qu'on le dûst faire mourir. Son grand merite, tant de belles actions qu'il avoit faites, & les longs services que ses predecesseurs & lui avoient rendus à la France, estoient des raisons qui lui donnoient quelque esperance. Elle croioit que le temps adouciroit l'esprit de sa Majesté, & que les amis du Duc, qui alors n'osoient se declarer, trouveroient l'occasion favorable, & agiroient pour sa vie & sa liberté. C'estoient les pensées de cette Princesse affligée, qui se persuadoit trop facilement ce qu'elle souhaitoit. Cependant la suite ne répondit pas à ses espérances, comme nous allons voir dans le recit du funeste accident qui acheva de l'accabler de douleur.

Le Roy ayant séjourné quelques jours à Beziers, se rendit à Toulouse le vingt-deuxiéme d'Octobre. Il commanda au Duc de Ventadour de se retirer, & deffendit à Madame la Princesse d'entrer dans la Ville. On y logea la plus grande partie de l'Armée, chez tous les Habitans, sans aucune distinction : Et ensuite le Marquis de Brezé eut ordre d'aller prendre à Leytoure le Duc de Montmorency, pour le conduire au Parlement; à qui le Roy donna la Commission de luy faire son procez. Cette triste nouvelle, qui se répandit aussi-tôt dans la Province, excita les larmes & les plaintes de tout le peuple, qui offroient de donner leurs enfans & leur vie pour sauver celle de leur Gouverneur.

Il arriva à Toulouse le vingt-septiéme d'Octobre, sur le midy, accompagné de huit Cornettes de Cavalerie ; & avant que d'entrer dans la Ville, les Mousquetaires du Roy l'allerent prendre au bout du Pont, & marcherent toûjours au tour du Carrosse. Les Regimens des Gardes estoient en armes en divers endroits, & toutes les ruës & les places par où il passa, estoient bordées de Soldats, jusqu'à l'Hôtel de Ville, où il fut laissé sous la charge de Launay Lieutenant des Gardes du Corps ; & une heure aprés, deux Commissaires du Parlement arriverent pour l'interroger. Le lendemain on luy confronta Beauregard, Saint-Preuil & Guitaut, qui parurent devant luy le visage noyé de pleurs, se voyans obligez de causer la mort par leurs dépositions, à un homme pour qui ils avoient une tendresse & une veneration extrême. En effet, Guitaut estant interrogé, s'il l'avoit reconnu dans le combat, répondit avec des sanglots qui couperent souvent le fil de son discours, *Que le feu & la fumée dont il estoit couvert, l'empêcherent d'abord de le reconnoistre ; mais que luy ayant vû rompre six de leurs rangs, & tuër des Soldats au septieme, il avoit jugé que ce ne pouvoit estre que Monsieur de Montmorency. Ce qu'il sceut certainement, lors que son Cheval estant mort sous luy, il demeura au milieu de ses gens.*

Aprés de pareilles dépositions qui furent les témoignages funestes que l'on rendit de sa valeur, quelques amis fideles, voyans qu'il n'y avoit presque plus d'esperance pour sa vie, representerent au Cardinal de Richelieu, ce que le Duc avoit fait pour luy, à Lyon, les offres, si le Roy fust mort, de recevoir son Eminence dans son Gouvernement, pour le deffendre contre ses ennemis ; les obligations que luy auroient ses parens, qui estoient des plus illustres Maisons de l'Europe ; l'estime qu'il s'attireroit parmy les étrangers, & les benedictions que lui donneroient tous les peuples du Royaume. Enfin on se servit de toutes les raisons possibles pour l'obliger de porter l'esprit du Roy à la clemence : Mais il demeura toûjours inexorable, & laissa continüer le procez à cet illustre malheureux, qui mourut au milieu des cris & des sanglots de tout le monde.

Comme il ne pensoit plus qu'à l'éternité, il pria le Cardinal de la Valette, de luy envoyer le Pere Arnoulx. Quand il le vit entrer dans sa Chambre, sur les sept heures du soir, il lui témoigna tous les sentimens que peut avoir en pareil état un veritable Chrêtien. Aprés s'estre confessé & avoir communié avec une entiere confiance en la misericorde divine, il attendit la mort patiamment ; & s'entretint toûjours avec ce Pere, de la vanité des grandeurs humaines, & de la solidité de la vertu. Et comme Launay luy alla dire que son Iugement estoit differé au lendemain, il répondit, *Que quoyque ce delay ne luy semblast plus necessaire, il tâcheroit de menager ce temps là pour se préparer à bien mourir.* Ce fut alors qu'il disposa de quelques-uns de ses biens. Il pria le Pere Arnoulx de

[marginal note: Il estoit Confesseur du Roy.]

presenter au Cardinal de Richelieu, un de ses Tableaux qu'il luy nomma, & de l'asseurer de son amitié. Il escrivit dans le mesme temps à la Duchesse une Lettre, que nous rapporterons dans la suite. L'amour qu'il lui conservoit, & l'affliction extrême dont il sçavoit qu'elle estoit accablée, lui tiroit à tout moment des soûpirs qui le faisoient mourir de douleur.

C'estoit un S. Sebastien.

Sur les neuf heures du soir, Lavaupot, Gentilhomme envoyé de la part de son Altesse Royale, s'alla jetter aux pieds du Roy, pour obtenir la grace de Monsieur de Montmorency, & dit à sa Majesté tout ce qui pouvoit exciter sa clemence ; mais ses paroles n'eurent point d'effet. Cette nuit fut horrible dans Toulouse. L'Armée qui estoit aux environs, entra dans la Ville ; presque toutes les maisons furent remplies de Soldats, & tout le peuple avoit l'esprit troublé de l'horreur du spectacle qui se préparoit pour le lendemain. Le Duc de Montmorency, qui estoit le pitoyable sujet de tant de gemissemens, demeuroit tranquile, sans donner à ceux qui le voyoient, aucune marque d'agitation.

Le Comte de Charlu, Capitaine des Gardes du Corps, l'estant allé prendre dans son Carrosse, avec sa Compagnie & les Mousquetaires du Roy, le conduisit au Palais, au travers d'une infinité de Soldats, dont toutes les ruës estoient bordées; & le Duc entra dans la Chambre où tout le Parlement estoit assemblé, avec la mesme asseurance & la mesme grace qui l'accompagnoient autrefois, quand il y avoit paru comme Gouverneur de la Province. Il n'avoüa pas seulement tout ce qu'il falloit pour estre condamné, mais il s'accusa & se calomnia presque lui-mesme, afin de souffrir la peine de tous ceux que sa consideration avoit rendu criminels. Quand on l'eut remené à l'Hôtel de Ville, il demanda un habit blanc, qu'il avoit fait préparer à Leytoure, pour le jour qu'il devroit mourir, & il donna le sien à l'Exemt qui le gardoit.

Lors

Lors qu'on le vit dépouïller, tout le monde fondit en larmes. Le Pere Arnoulx & les autres Jesuïtes qui estoient allez pour l'assister, n'eurent pas la force de lui dire un mot. On ne voyoit auprés de lui que des gens accablez d'affliction ; les Soldats mesmes qui le gardoient, estoient dans sa Chambre, teste nüe, sans armes, & les yeux abîmez dans les pleurs : Et en ce temps-là Launay estant retourné vers le Roy, vit une autre sorte de desolation, qui pour estre plus retenüe, n'estoit pas moins extrême. Tous les gens de la Cour avoient le visage consterné : ils se regardoient sans se pouvoir rien dire ; & le Maréchal de Châtillon se servit de ce triste silence pour faire connoistre à sa Majesté le plaisir qu'il feroit à tout le Royaume, s'il se portoit à la compassion.

Enfin toutes les voyes de la misericorde estant fermées pour Monsieur de Montmorency, il commença à faire ses derniers remercimens à tous ceux qui l'avoient gardé, ou servy dans sa prison ; & coupant sa moustache de cheveux, il la mit dans les mains du Pere Arnoulx, & le pria de la brûler. On n'entendit plus auprés de lui, qu'une confusion de sanglots & de soûpirs, qui, sans ébranler sa constance, l'accompagnerent jusqu'à la fin de sa vie. Il descendit à la Chappelle de l'Hôtel de Ville, parmy ces funestes témoignages de douleur & d'admiration que les Soldats rendoient à son infortune & à sa vertu : Et aprés avoir oüy lire l'Arrest de sa mort, il remercia les Commissaires, & leur dit qu'il le recevoit comme un Arrest de la misericorde de Dieu. Alors il se tourna vers le Pere Arnoulx, pour lui découvrir la grace interieure qu'il sentoit, que le Ciel lui faisoit, de mourir avec une confiance Chrêtienne. Ensuite on lui lia ses bras, qui avoient gagné tant de batailles ; & marchant en cét état jusqu'à la premiere Basse-court de l'Hôtel de Ville, il monta sur l'échaffaut avec la mesme constance qu'il avoit toûjours conservée.

C'est ainsi que meurt ce grand Homme, né dans le sein de la fortune, & adoré de tous les peuples, sans que ses grandes actions & que l'éclat de sa gloire puisse empêcher ses malheurs. Quelques personnes qui estoient presentes à ce funeste spectacle, l'avoient vû sur la mer, contre les Huguenots, & au combat de Veillanne, couvert de feu & de sang, pour soûtenir les interests de l'Etat & de l'Eglise. Le Pape admire sa vertu, & le comble de benedictions, dans le Bref où il fait l'éloge de son courage : Et le Roy deffendu par sa valeur, lui témoigne toute la reconnoissance qu'un Prince peut avoir pour un Sujet. Cependant il meurt, & cette mesme fortune, après l'avoir conduit au travers d'une infinité d'occasions éclatantes, le mene sur un échaffaut, où elle lui ôte la vie. Trompeuses grandeurs du monde, vous expliquez bien la verité des paroles de Dieu, ,, Qu'il ne faut point se confier à ,, vos promesses, où l'on ne trouve

„ ny asseurance ny salut.

Dés qu'il fut mort, on se pressa pour recueillir de son sang ; quelques-uns des plus avancez en bûrent, les autres le recevoient dans leur mouchoir, les Soldats y trempoient leurs épées, comme s'il eust esté capable de leur communiquer son courage. La terre mesme & les pierres qui en estoient teintes, devenoient precieuses, & on les ramassoit avec soin. Pendant que l'on s'occupoit à donner à la vertu de ce grand Homme, des marques extraordinaires d'amour & de veneration, la Dame de Grammont, à qui le Duc de Montmorency avoit recommandé son Corps, l'alla prendre dans un Carrosse, accompagnée de deux Prestres ; & le fit conduire à Saint Sernin, où le Cardinal de la Valette, qui en estoit Abbé, ordonna qu'il fust enseveli.

La Lettre que nous avons promis de rapporter, & que Monsieur de Montmorency écrivit à la Duchesse, contenoit le dernier Adieu, qu'on va lire dans ces tristes paroles.

*M*on cher coeur, je vous dis le dernier Adieu, avec une affection pareille à celle qui a toûjours esté entre nous. Ie vous conjure par le repos de mon ame, que j'espere estre bien-tôt au Ciel, de moderer vos ressentimens, & de recevoir de la main de nostre doux Sauveur cette affliction. Ie reçois tant de graces de sa bonté, que vous devez avoir tout sujet de consolation. Adieu, encore une fois, mon cher coeur.

On chargea deux Capucins de rendre cette Lettre à Madame de Montmorency, & de ne pas l'abandonner à ses déplaisirs. Quand ces Religieux virent l'état déplorable où elle estoit, ils n'oserent lui donner une si funeste nouvelle. Cependant la mort du Duc estoit publique; les Domestiques de la Duchesse estoient dans la consternation, & il y avoit dans toute la maison un morne silence qui saisissoit le cœur de tout le monde. Ces marques de tristesse découvrirent aisément à Madame de Montmorency, ce qui estoit arrivé. Alors sentant redoubler en elle tout ce que le desespoir a de cruel, elle se trouva dans cet abîme de maux, qui rend insensible, & où un malheureux ne daigne pas invoquer le Ciel, dont il semble qu'il ne craint plus les menaces, comme si Dieu ne pouvoit augmenter sa douleur. Quand ses premiers mouvemens furent passez, levant les mains au Ciel pour implorer sa misericorde, elle lui demanda la force de soûtenir ce coup avec la resignation d'une Chrétienne. Ensuite elle s'enferma dans sa Chambre, sans voir personne. Elle y passoit les nuits en prieres, & se consoloit avec Dieu, au pied d'un Crucifix. On lui entendoit quelquefois dire, dans le transport de sa douleur, *Ie n'aimois que lui, mon Dieu, & vous me l'avez ôté, pour n'aimer que vous.* Et un torrent de larmes accompagnoit ſes paroles.

Le monde ne la touchoit plus, & tous les avantages qu'elle avoit de la nature & de la fortune, ne ſervoient que pour la repreſenter à ſes yeux comme une malheureuſe, exemple funeſte de l'inconſtance des choſes humaines. Comme elle eſtoit en cet état, on lui écrivit de la Cour, qu'on avoit deſſein de l'arrêter, parcequ'elle n'avoit pas aſſez juſtifié ſa conduite ſur le ſoupçon qu'on avoit qu'elle euſt porté ſon Mary à ſervir ſon Alteſſe Royale: Et on luy mandoit qu'elle le pourroit faire devant le Roy, qui alloit à Beziers. Cette nouvelle ne la toucha point. Comme elle avoit ſa conſcience pour témoin de ſa fidelité, elle ne ſe mit pas en peine de l'évenement.

En effet, quelque effort qu'on fiſt auprés d'elle, on ne pût l'obliger à faire connoiſtre ſon innocence, afin d'ôter de l'esprit des peuples, les idées de revolte, que ses ennemis leur avoient données. Elle sçavoit neantmoins qu'elle dépendoit d'un Roy juste, qui menageroit plus sa vie, qu'elle ne le pourroit faire elle-mesme. Son seul desir estoit d'employer pour l'éternité le reste des jours que la Misericorde mettoit en ses mains : Et le Ciel lui donnant toûjours de nouvelles forces, elle redoubloit sa vertu dans les maux, pour fatiguer la mauvaise fortune, & estre aux yeux de Dieu, un exemple de constance & de fidelité.

CHAPITRE X.

L'indifference de Madame de Montmorency pour la conservation de ses biens. Elle apprend le détail de la mort du Duc son mary.

APrés que Madame de Montmorency eut fait une si grande perte, elle ne crût pas qu'il y eust rien au monde digne de ses soins. Elle devint insensible pour les choses mesmes qui regardoient son honneur & sa vie. Quelques nouveaux efforts que fissent ses amis auprés d'elle, pour l'obliger de justifier sa conduite, & de faire voir qu'elle n'avoit point contribué à jetter le Duc dans le party de son A. R. ils n'en pûrent venir à bout, se contentant de leur répondre, *Qu'elle n'avoit plus rien à craindre ny à esperer des hômes.*

Les gens qui conduisoient ses affaires, croyans que depuis la mort de son Mary, elle auroit moderé sa douleur, lui proposerent quelques moyens justes de conserver ses meubles precieux, avant la confiscation des biens de Monsieur de Montmorency ; & la prierent de considerer ses besoins & ceux de sa famille, & de prévenir par des voyes legitimes, la perte qui lui pourroit arriver : Mais leurs paroles furent inutiles, & elle leur répondit, *Qu'elle ne vouloit avoir pour tout bien que la patience & la douleur ; & qu'elle ne craignoit pas qu'on lui enlevast jamais ny l'une ny l'autre.* Ainsi s'estant entierement abandonnée à la Providence, elle ne sentoit aucune inquietude ; & elle a avoüé depuis, que son cœur n'avoit jamais esté plus tranquile. *Je pensois en ce temps-là*, disoit-elle à une de ses amies, *qu'ayant perdu Monsieur de Montmorency, je n'avois plus rien à menager dans le monde ; & cette perte qui faisoit l'excez de ma douleur, me mettoit dans un état d'insensibilité qui me ren-*

doit indifferente pour tous les maux. Ie redisois souvent aussi, pour appaiser mes larmes, ces paroles de l'Ecriture, Que les pauvres sont le partage de Dieu. Et me regardant comme une femme délaissée, je sentois une joye interieure de ne pouvoir estre consolée que de lui.

Son seul desir estoit d'apprendre les particularitez de la mort de son Mary; & comme elle sceut que le Pere Arnoulx l'avoit assisté les trois derniers jours de sa vie, elle envoya un Homme à Toulouse, pour le prier de lui écrire les sentimens qu'il avoit eus en mourant. Ce Pere lui fit le détail de tout ce qu'elle vouloit sçavoir, dans une Lettre, dont voicy quelques mots.

Consolez-vous, Madame, lui dit-il, *j'ay trouvé dans son cœur toutes les dispositions d'un Chrétien qui a oublié les choses de la terre, & qui n'est sensible qu'aux plaisirs de l'éternité. Il a passé le peu de temps qui lui restoit, dans l'exercice des vertus. Il a connu le monde tel qu'il est, & s'en est détaché sans peine.*

on voyoit en lui les miracles de la grace, dans l'application & l'ardeur qu'il avoit pour la Croix de Iesus-Christ, & dans les paroles pleines d'amour, qu'il repetoit souvent pour me découvrir l'état de son ame. Vous aviez part à ses soûpirs, Madame ; & si dans le détachement où je vous le represente, il estoit encore sensible à quelque déplaisir, c'estoit à celuy que vous donnoit sa mauvaise fortune.

Madame de Montmorency leut ces paroles avec des torrens de larmes ; & ce fut alors qu'elle resolut en elle-mesme de ne rien oublier pour honorer la memoire de ce grand Homme.

CHAPITRE XI.

On conduit Madame de Montmorency prisonniere au Château de Moulins. Sa douceur dans son voyage. Elle envoye visiter à Lyon Madame de Chantal. Ses occupations dans sa prison ; & le commencement de sa liberté.

IL y avoit environ sept mois qu'elle estoit au lit, accablée de douleurs & de maladie, quand elle reçeut un ordre du Roy, qui lui commandoit de sortir de la Province; & sa Majesté lui donnoit le choix de Montargis, de la Fère ou de Moulins, pour y demeurer. Elle choisit Moulins, parcequ'il estoit plus éloigné de la Cour ; & comme l'Exemt la pressoit, elle fit tout préparer pour obéir.

Les Gens de cette Princesse eſtoient dans la derniere affliction, & ne la pouvoient regarder que les yeux pleins de larmes. Ils trouvoient dans l'Exemt une dureté extrême; & quelque raiſon qu'ils puſſent dire pour lui repreſenter l'état pitoyable où ſes longues maladies l'avoient reduite, ils ne le pûrent obliger d'attendre qu'elle euſt repris un peu de force pour ſe mettre en chemin. Comme elle ſceut qu'ils commençoient à s'aigrir de cette rigueur, elle les fit approcher de ſon lit, pour leur dire que l'Exemt devoit répondre de ſa conduite à ceux qui l'avoient envoyé; & qu'elle ſeroit fâchée que ſon retardement lui attiraſt quelque punition. Ainſi après les avoir exhortez à la patience, & avoir emprunté une petite ſomme d'argent pour ſe conduire, elle les pria de préparer au pluſtôt ce qu'il falloit pour aller à Moulins.

Le jour du départ eſtant venu, on la mit dans un Carroſſe, dont le mouvement luy faiſoit ſouvent perdre la respiration. Elle sortit ainsi de sa maison de la Grange, au mois de Novembre, accablée de maladies & de déplaisirs. Le triste appareil de son train, autrefois si pompeux, la lenteur de sa marche, le silence profond & la consternation de ceux qui l'accompagnoient, portoient dans tous les lieux de son passage, la douleur & la compassion. Plusieurs personnes de qualité, qui connoissoient son innocence, ne pouvoient cacher leurs soûpirs. Ils alloient au devant d'elle pour la consoler ; & la voyant dans un état si lugubre, ils la recevoient avec des torrens de larmes.

Sa patience fut extrême dans son voyage. Ceux qui alloient à côté d'elle pour la soulager, ne l'entendirent jamais se plaindre : Et sa vie n'estant plus qu'un changement de maux, elle les recevoit comme les suites de sa mauvaise fortune.

Le quatriéme jour de sa marche, ses Gens rencontrerent dans un Hameau, un Homme qui avoit esté fort animé à Toulouse, contre Monsieur de Montmorency. Ils dirent à la Princesse, qu'on le cherchoit pour des crimes ; & la prierent de souffrir qu'ils l'arrêtassent. Mais elle répondit que la mort de ce malheureux ne diminuëroit pas son affliction ; qu'elle ne vouloit pas contribuër à sa perte. Et aprés avoir remis toute sa vengeance à Dieu, elle leur ordonna de passer sans lui rien dire, & mesme sans faire semblant de le connoistre, remerciant le Ciel en elle-mesme, d'avoir trouvé une occasion qui renouvellast ses douleurs.

Estant arrivée à Lyon, elle commença à faire l'experience de la pauvreté ; & comme elle se vit abandonnée de tout le monde, elle fut contrainte de vendre de ses Chevaux de carrosse, pour avoir dequoy continuër son voyage. Elle esperoit, avant que de partir, recevoir quelque consolation dans un entretien avec Madame de Chantal : Mais on éloigna cette Religieuse, pour ôter à la Duchesse la douceur qu'elle auroit trou-

trouvé dans ses paroles. Elle apprit cet éloignement avec beaucoup de déplaisir, sans neantmoins témoigner la moindre aigreur ; & elle dit avec un esprit tranquile „ Qu'elle estoit „ indigne de conferer avec une Sain- „ te, & qu'elle ne meritoit pas de „ recevoir aucun soulagement à ses „ peines. Elle l'envoya visiter par sa Dame d'Honneur, qui lui marqua le déplaisir qu'elle avoit de ne la pouvoir entretenir elle-mesme. Madame de Chantal lui fit dire la part qu'elle prenoit à ses malheurs ; & conceut dés ce moment pour elle, une tendresse qui continua toute sa vie.

Quand elle fut à Moulins, l'Exemt la conduisit au Château, qui estoit sa prison, veillant nuit & jour à sa garde, sans souffrir que personne lui parlast, qu'en sa presence. Ce lieu estoit dégarny de toutes sortes de meubles, & on fut obligé d'en emprunter quelques-uns des Dames de la Visitation, à qui Madame de Chantal avoit écrit de donner à la

Princesse tout ce qui lui seroit necessaire. Elle apprit alors les persecutions qu'on lui faisoit à la Cour, où chacun trouvoit des crimes dans sa conduite passée, & où ceux mesmes qui estoient asseurez de son innocence, se laissoient emporter aux sentimens de ses ennemis. Le Pere Arnoulx, qui sçavoit son extréme affliction, la consoloit quelques fois par des Lettres, d'où l'on a tiré ces paroles,

Soyez persuadée, Madame, que vous estes dans l'état où le Ciel veut que vous soyez. La calomnie que vous souffrez, vous est commune avec tous les justes, & vos ennemis ne peuvent se resoudre à vous pardonner vôtre vertu. Cette pensée diminuera vos douleurs, & considerant que tout le monde est tourmenté par des persecutions differentes, vous n'espererez pas que Dieu vous tire du nombre des autres par une faveur singuliere, afin de vous donner un bonheur exemt de la malignité humaine. Et quelques lignes plus bas, l'animant à la patience, il ajoûte,

Quel spectacle que celuy d'une Chrétienne qui demeure ferme pendant les attaques de ses ennemis, qui les voit pleins de colere, & les regarde avec un cœur intrépide, sans troubler la serenité de son ame, qui entend leur calomnie avec douceur, qui répond avec moderation, & qui soûtient son abaissement avec un courage digne de l'Evangile! Un tel objet n'est pas une simple idée que je presente à vôtre esprit, vous l'avez vû dans Iob, benissant la main de Dieu qui le frapoit, & vous pouvez le trouver en vous mesme, avec le secours de la Grace: car enfin, Madame, que nous gemissions tant que nous voudrons, nos cris & nos plaintes ne finissent pas nos douleurs, & en quelque desolation où nous jettent les maux, ils vont toûjours leur cours ordinaire, sans qu'ils soient arrêtez ny diminuez par nos larmes.

Et dans une réponse qu'il fait à une Lettre où elle se plaignoit d'estre injustement persecutée, & que ceux mesmes qui vouloient paroistre ses amis, contribuoient secretement à ses peines, il lui écrit ces paroles.

Vous ne pouvez souffrir d'estre injustement persecutée. Voudriez-vous, Madame, avoir merité vos malheurs par des crimes ; & ne voyez-vous pas que vous vous plaignez de vostre innocence ? Les mauvaises intrigues de vos amis vous toucheroient peu, si vous consideriez que quelque amitié qu'ils vous ayent promise, ils sont hommes & capables d'infidelité ; & estant nez inconstans sur tout, le moyen qu'ils vous puissent toûjours estimer, & que dans ce cercle de differentes choses, où l'on voit que leur esprit tourne continuëllement, il y puisse avoir un point fixe pour l'arrester en ce qui vous regarde.

Madame de Montmorency recevoit de si grands soulagemens de ces Lettres, qu'elle les relisoit toûjours pour soûtenir ses douleurs. Elle lui écrivoit quelquefois, afin de lui découvrir le fond de son ame, & de lui donner la consolation de voir que ses discours ne lui estoient pas inutiles. Ce qui obligea ce Pere de les continuër, comme il fit dans cette Lettre qu'elle reçeut en une occasion où elle avoit le plus besoin de secours. Aprés lui avoir dit l'entretien qu'il avoit eu, sur son sujet, avec une personne qui l'estimoit beaucoup, il ajoûte,

C'est ainsi, Madame, que quelques uns parlent de vous : Ie vous écris l'admiration qu'ils ont pour vôtre vertu, afin que vous vous souveniez du langage du monde, & que si vous vous entendez loüer, vous ne soyez pas surprise de la flaterie, & que la complaisance que vous auriez pour vous-mesme, ne vous fasse pas perdre le merite de vos larmes. Cachez-les aux yeux des creatures, & ne cherchez que Dieu pour témoin de vôtre fidelité. Les maux doivent estre vôtre occupation, & puisque vous avez pour modele Jesus Christ, *qui est l'Homme de douleurs, vous ne devez songer qu'à vos peines. Ce sont les moyens qu'il prend pour vous éloigner du monde. Peut-estre que vos grandeurs passées vous ont empesché de* connoistre ce que vous estiez ; & vostre état present vous dépouillant de leur éclat & vous laissant à vous-mesme, sans aucun appuy de la fortune, vous oblige de lever les yeux au Ciel pour implorer sa misericorde. Souvenez-vous que les justes perdent souvent leur sainteté, quand ils cessent de vivre dans les afflictions. David a esté plus fidele à Dieu, dans la condition de Sujet, que dans celle de Roy. Aprés avoir épargné la vie de Saul, avant qu'il fust sur le Trône, il fit mourir Vrie, quand il y fut élevé. Et Salomon, qui, nonobstant sa proforde sagesse, est tombé dans l'idolatrie, n'avoit jamais senty de malheurs ; & peut-estre que parmy les tribulations ce Prince auroit toûjours conservé sa vertu. Pensez avec S. Bernard aux souffrances de JESUS-CHRIST, pour animer vostre courage. Si on vous persecute, croyez que vos pechez le meritent, & cette pensée rendra vos tourmens plus legers. Benissez ceux qui vous maudissent, & calmez leur colere par vostre moderation. Considerez que celuy qui persecute, & celuy qui souffre, sont tous deux mortels, & que vos peines ne seront pas longues. Enfin, Madame, il n'y a personne qui ne pleure & qui ne gemisse, & la vie est un cours de larmes qui ne finit qu'à la mort. Meditez souvent ce que je viens de vous écrire. Ie sçay que tout le monde, & que vos ennemis mesmes, sont touchez de vos afflictions & de vostre courage. Demandez-le toûjours à Dieu, afin que les amis qui vous restent, ayent la consolation de voir que la mauvaise fortune ne diminuë pas vostre patience, & qu'au milieu de vos pleurs, vous ne témoignez rien pour vous plaindre de la rigueur du Ciel, & de l'injustice des Hommes.

Elle fut une année dans le mesme état, sans sçavoir ce qu'elle deviendroit : Mais le Roy ayant enfin connu sa fidelité, declara que non seulement on n'entreprendroit rien sur sa vie, mais qu'elle avoit la liberté de sortir du Château, & d'y recevoir des visites. Cette nouvelle redoubla sa douleur ; & au lieu de quitter sa prison, elle s'en fit une plus étroite. Elle s'enferma dans un petit cabinet obscur, où il n'entroit autre lumiere que celle de quelques bougies ; & elle y demeura six mois sans en sortir, que pour aller à une Chappelle entendre la Messe. Sa consolation estoit de recevoir les pauvres : Elle soulageoit de ses paroles & de ses biens la misere qui les accabloit ; & un jour estant avec une personne qui la vouloit éloigner de cette occupation, elle lui dit, *Qu'elle s'estoit crûë la plus affligée creature du monde, mais que cette pensée ne l'avoit jamais renduë insensible aux miseres d'autruy. Et les moyens que j'ay eus de les en délivrer,* ajoûta-t-elle, *m'ont tenu lieu de consolation dans un temps où je n'en pouvois recevoir de personne.*

La vie qu'elle menoit dans ce cabinet, fut bien-tôt sceuë de tout le monde ; chacun en parloit diversement. Les amis secrets qu'elle avoit à la Cour, estoient touchez de sa douleur ; & les autres ne pouvoient s'empêcher d'admirer sa constance. Il s'en trouvoit quelques-uns qui, sans penetrer le motif qui la faisoit agir,

Alors le cabinet estoit sans fenestre.

condamnoient ſes manieres. Meſme quelques devots de ce temps-là témoignoient du mépris pour ſes regrets qui duroient toûjours ; & ne penſoient pas que tant de larmes pûſſent compatir avec la vertu d'une ame Chrêtienne.

Cependant tous ces differens ſentimens ne changerent pas ſa conduite, parceque ſes déplaiſirs ne l'empêchoient pas de ſe ſoûmettre à la Providence. Les conſolations qu'elle avoit receuës des Lettres du Pere Arnoulx, l'obligerent de luy écrire pour le prier de l'aller voir, & d'eſtre ſon Directeur. Il luy répondit avec toute la charité poſſible ; & comme on avoit refuſé à cette Princeſſe le plaiſir de voir à Lyon la Mere de Chantal, on empêcha auſſi que ce Pere ne priſt le ſoin de ſon ame. Alors elle eut recours au Pere de Lingendes ; mais comme ſes occupations ne lui permettoient pas de la pouvoir diriger, elle retourna au Pere Arnoulx, à qui elle avoit une confiance particuliere, parcequ'il avoit assisté, comme nous avons dit, Monsieur de Montmorency à la mort : Et aprés lui avoir parlé de l'abandonnement où elle estoit,

Ie vois bien, ajoûta-t-elle, *que Dieu ne veut point que mon malheur diminuë, puisqu'il ne permet pas que j'aye l'honneur de vous voir. C'estoit la seule consolation que je m'estois promise en ce monde ; mais puisque je suis un écueil, & que mon approche peut faire faire naufrage, il faut que j'en retienne le desir mesme, comme un vent contraire. Ie voudrois voir tous les autres dans la bonace, & je ne demande pas à Dieu que ma tourmente s'appaise, cela ne pouvant plus estre, mais qu'il me commande de marcher sur les flots agitez, comme à son Apostre. Il est vray qu'une creature aussi malheureuse que moy, ne peut meriter ses graces ; mais il en paroistra plus Dieu de fortifier tant de foiblesses, & vous, mon Reverend Pere, bien charitable de les regarder avec compassion, & de donner vos assistances à la malheureuse,*

Des Ursins.

la D. de Montmorency.

Le Pere Arnoulx lui répondit tout ce qui la pouvoit consoler ; & après l'avoir exhortée à la patience, il lui conseilla de se representer toûjours Jesus-Christ mourant, puisque la Croix estoit le seul moyen d'adoucir l'amertume de ses larmes.

CHAPITRE XII.

Madame de Montmorency tombe dans la sécheresse de cœur. Dieu la retient dans une tentation où elle alloit succomber. Le Pere des Ursins va à la Cour, pour travailler à son entiere liberté.

PEndant le cours de ses maux, le Ciel la consoloit interieurement par la douceur de la grace ; mais après elle se sentit tout à coup privée de la presence de Dieu, & elle tomba dans la sécheresse de cœur, où il semble que le Ciel, comme dit le Prophete, soit devenu d'airain pour une ame Chrêtienne. Cet état l'affligea, sans lui faire perdre courage. Elle s'attacha continuellement à la meditation des veritez éternelles, &

à la lecture de l'Evangile, & elle tiroit de ce Livre sacré ce qui pouvoit diminuër sa langueur & relever son abattement.

Cependant malgré ses efforts, Dieu permit que le Demon la tentast d'une maniere dangereuse. Il commença par lui representer la violence & la durée de ses maladies qui la rendoient incapable d'aucune occupation. Elle consideroit l'impossibilité d'executer ses projets, dans le Mauzolée qu'elle vouloit entreprendre, pour conserver la memoire de Monsieur de Montmorency. Elle prévoyoit dans l'avenir une longue suite de malheurs; & pensant que le monde ne cesseroit jamais de la persecuter, & que Dieu mesme sembloit l'avoir abandonnée, elle resolut de mourir. Comme elle estoit dans ce dessein depuis quelque temps, elle vit un jour sortir d'un coin de ce cabinet où elle estoit toûjours enfermée, un Serpent qui se glissa jusques sur le bord de sa robbe. Au lieu d'avoir peur, elle crût que le hasard lui presentoit l'occasion de contenter ses desirs. Elle resolut de se faire piquer les bras ; mais comme elle se disposoit à les lui presenter, Dieu jetta tout à coup dans son esprit une lumiere de grace, pour lui faire voir l'horreur de l'action qu'elle alloit entreprendre, rentrant alors en elle-mesme, elle s'humilia devant lui & adora sa main toute-puissante qui la retenoit sur le penchant de sa perte.

Elle commença à se défier des resolutions qu'elle avoit faites de supporter chrêtiennement ses malheurs. L'infidelité qu'elle venoit de témoigner, lui faisoit craindre pour l'avenir ; & ayant de la confusion mesme de ses larmes, elle croyoit les verser plustôt comme une Payenne orgueilleuse, qui tire vanité de sa douleur, que comme une Chrêtienne qui doit vivre dans l'amertume de la penitence.

Sa chûte lui fit entreprendre des mortifications extrêmes ; elle devint plus solitaire qu'auparavant ; elle se retira mesme du Sacrement de l'Eucharistie, & il falut que son Directeur lui commandast de s'en approcher. Ce qu'elle fit, & son obéissance lui attira la paix que Dieu repand dans une ame disposée à le recevoir.

En ce temps, les gens qui avoient soin de ses affaires, la firent songer à les éclaircir. Elle eut de la peine à s'y resoudre ; & aprés avoir protesté qu'elle ne vouloit avoir aucune contestation avec les parens de Monsieur de Montmorency, elle témoigna un si genereux desinteressement, que Monsieur le Prince ayant eu la confiscation des biens du Duc, elle luy envoya toutes les pierreries de son Mary, sans ôter de son Cordon bleu, quelques unes des siennes qu'elle y avoit attachées elle-mesme pour l'enrichir. De plus elle s'engagea à payer le legs que Monsieur de Montmorency avoit fait aux Jesuites de Toulouse, où son cœur estoit enterré, pourvû qu'on élevast le Mausolée qu'on avoit promis : Mais comme elle trouva alors des obstacles à son dessein, elle le remit entre les mains du Pere Arnoulx, attendant sans inquietude une occasion favorable pour le faire réüssir.

Cependant ses malheurs qui estoient connus de toute l'Europe, affligeoient beaucoup les Ducs de Bracciano & de Sangemini, ses Freres, qui souhaitoient de l'avoir auprés d'eux, pour appaiser ses larmes : Mais comme en ce temps la pluspart des Princes d'Italie estoient broüillez avec la Cour de France, pas un ne voulut entreprendre de prier le Roy, en faveur de Madame de Montmorency, pour lui faire donner la liberté ; & il semble que Dieu seul voulut avoir soin de la lui rendre.

Le Pere des Ursins son Frere, fut celuy que le Ciel choisit. C'estoit un Religieux de l'Ordre des Carmes déchaussez, qui vivoit dans un parfait détachement des choses du monde, & qui regardant tous les évenemens comme les effets de la Providence, estoit également indifferent pour la bonne & pour la mauvaise fortune. Cependant la vertu & la constance

de

de la Duchesse le toucherent, & il se resolut de quitter la solitude pour venir en France, travailler à sa liberté. Il partit de Rome l'an mil six cens trente-trois, & étant arrivé à la Cour, il demanda au Roy permission de voir la Duchesse à Moulins. Au premier abord se sentant touchez l'un & l'autre, ils demeurerent un peu de temps sans avoir la force de parler: Ensuitte le Pere des Ursins, aprés lui avoir dit quelque chose pour la consoler, lui apprit la raison de son voyage, & le dessein qu'avoient ses parens de la revoir en Italie, pour lui faire oublier ses malheurs. Madame de Montmorency témoigna beaucoup de reconnoissance de la bonté qu'il avoit : Elle répondit, „ Qu'elle estoit obligée aux Ducs „ de Bracciano & de Sangemini, de „ songer à ses peines ; mais qu'elle „ les remercioit du soulagement qu'ils „ lui offroient : Qu'elle regardoit tous „ les maux qui lui pouvoient arriver, „ comme des effets de la misericorde „ divine, & qu'elle recevroit la mort

G

„ avec plus de plaisir, que tous les
„ biens de la fortune.

Peu de temps après, le Pere des Ursins retourna à la Cour, pour obtenir la liberté de la Princesse; & il trouva d'abord de grandes difficultez à surmonter. Personne ne vouloit paroistre dans ses interests, & ses amis avoient de la peine à les appuyer. On persuadoit secretement au Roy, que sa liberté pouvoit avoir des suites fâcheuses; qu'elle estoit toûjours aimée dans le Languedoc, & qu'ayant autant d'adresse qu'elle en avoit, elle pouvoit glisser dans les esprits de l'aigreur contre le Ministere: Qu'il ne falloit pas s'arrêter à ses larmes, ny à sa vertu; qu'elle se serviroit de tout pour venir à bout de ses desseins, & que l'amour qu'elle conservoit pour la memoire de son Mary, estant extraordinaire, elle sacrifieroit sa propre vie pour venger sa mort: & de plus, quand tous ses efforts seroient inutiles, qu'on devoit considerer qu'elle avoit autrefois gagné le cœur des peuples, par sa liberalité:

Qu'ils avoient encore des restes de leur amitié passée, & qu'elle affecteroit d'aller de Ville en Ville, avec un équipage lugubre, afin d'exciter leur douleur, & de les toucher de compassion pour sa mauvaise fortune.

Toutes ces raisons & d'autres semblables, retenoient la clemence du Roy. Le Pere des Ursins trouvoit tous les jours de nouveaux obstacles; & quelque chose qu'il dist pour justifier la conduite de la Princesse, on l'écoûtoit sans reflection, de peur de se laisser persuader à ses paroles. Pendant cette negociation, les douleurs de la paralysie qu'elle souffroit depuis longtemps, devinrent plus violentes, & on demanda au Roy permission de l'envoyer aux Eaux de Bourbon. Ce que sa Majesté accorda, toûjours sous la garde de l'Exemt, qui ne la quittoit jamais. Elle y fut, sans se mettre en peine de sa guérison. On lui faisoit prendre tout ce qu'on vouloit, sans qu'elle fist reflexion à la suite des remedes; & sa patience alla jusqu'à se laisser mettre

tre, pour redresser son corps, dans une maniere de pressoir, que serroient deux Hommes robustes, où elle souffroit des douleurs si violentes, qu'elle fut plusieurs fois sur le point de perdre la vie.

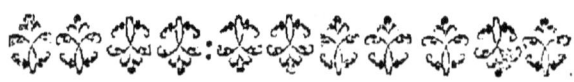

CHAPITRE XIII.

Le Roy donne l'entiere liberté à la Duchesse. La Reine lui écrit, pour lui en témoigner sa joye; & son Alteſſe Royale la va viſiter. Entretiens d'elle & du Pere des Vrſins, qui la confirme dans le deſſein qu'elle a de ſe retirer dans le Convent de la Viſitation. Elle y entre la veille de S. Laurent, de l'année mil ſix cens trente-quatre.

MAdame de Montmorency retourna à Moulins, pour continüer les bonnes œuvres qu'elle avoit commencées. Comme elle entendoit la Langue Latine, elle liſoit ordinairement l'Ecriture Sainte, & ſur tout le Livre de Job, ſe conſolant à repeter sans cesse les mesmes paroles dont il se servoit pour déplorer ses malheurs.

Cependant le Pere des Ursins continuoit toujours sa negotiation avec assez de succez ; & malgré la politique de ceux qui vouloient détruire ses desseins, on lui donnoit quelque esperance d'en venir heureusement à bout. En effet, quelque temps après, il obtint ce qu'il demandoit ; & le Roy persuadé de la fidelité de Madame de Montmorency, lui donna une entiere liberté, avec commandement à l'Exempt de se retirer. Elle receut cette nouvelle avec indifference. Comme elle avoit perdu en son Mary, tout ce qu'elle pouvoit souhaiter dans le monde, le reste ne la touchoit point ; & une personne lui allant témoigner la joye qu'elle avoit de sa liberté, elle lui répondit, *Que n'ayant à chercher que Dieu seul, elle ne se rejouissoit point de quitter sa prison, & de changer de demeure, puisqu'il est également par tout.*

Ce fut alors que la Reine-Mere

l'honora d'une Lettre, pour lui témoigner la part qu'elle avoit toûjours prise à ses malheurs ; & Monsieur le Duc d'Orleans, aprés l'avoir envoyé visiter, la voulut voir lui-mesme, peu de temps aprés, en passant à Moulins. Mais de peur que sa presence ne renouvellast le souvenir de ses maux, il lui fit demander auparavant, si elle se trouvoit en état de recevoir quelque consolation de sa visite. Quand il la vit, il la trouva si pâle & si défaite, qu'il en fut touché jusqu'aux larmes. Il admira la constance de cette Princesse, & il dit en sortant, à ceux qui l'accompagnoient, *Qu'elle lui avoit parlé comme une Sainte. Ses ennemis,* continüa-t-il, *sont ceux de qui elle ne dit rien; & je suis ravy de sa vertu.*

Quand le Pere des Ursins fut de retour à Moulins, il y demeura deux mois ; & ce fut alors que ce Religieux commença de considerer en elle la force de la Grace, qui la soulageoit dans les maux. Il lui parloit quelquefois d'aller en Italie, & sans vouloir changer le dessein que Dieu avoit sur elle, il lui proposoit une retraite dans sa Patrie, pour y vivre plus heureusement. Madame de Montmorency, qui se trouva un jour plus disposée à lui ouvrir son cœur là-dessus, le prit en particulier, & lui dit ces paroles,

Je ne vous regarde pas tant en cette occasion, comme mon Frere, que comme un amy fidelle, qui me doit conseiller pour mon salut. Quand je retournerois dans ma Famille, croyez-vous que mes Parens effacent jamais de mon cœur l'affliction où vous me voyez? Ou qu'en sortant de France, je puisse perdre le souvenir de Monsieur de Montmorency, que je sens bien que je pleureray toute ma vie? Mes Freres n'estant touchez de mes maux que comme des Hommes du monde, ne chercheront que des soulagemens humains, pour les dissiper: Mais en l'état où je suis, & Dieu me faisant la grace de le regarder comme mon unique bien, dois-je desirer quelque consolation sur la terre? Peut-estre tâchera-t-on de me donner de l'aversion pour un Pays qui me cause tant de tourmens. Peut-eſtre qu'on me voudra faire entrer dans des raiſons d'intereſt & de fortune; & j'auray le déplaiſir de me voir perſecutée par des perſonnes qui me ſont cheres, & qui trouveront déraiſonnable la vie retirée que je me propoſe, & le détachement que je ſens de toutes les choſes du monde. Ie ne ſuis plus en état de penſer aux biens preſens. Voſtre exemple m'apprend le chemin que je dois ſuivre; & il n'eſt plus temps que je cherche des conſolations parmy les Hommes. Ie ſens que Dieu veut avoir ſoin de mon ſalut; & vous ne me conſeillerez pas de lui reſiſter.

Le Pere des Urſins fut touché de ces paroles, & il ne la preſſa pas davantage ſur la propoſition qu'il venoit de lui faire; au contraire, il la loüa d'abandonner tous les ſecours humains, pour vivre avec Dieu dans la ſolitude. Alors elle lui découvrit le deſſein qu'elle avoit d'entrer dans le Convent de Sainte Marie; & le pria de demander au Ciel, pour elle, le moyen de l'executer. Leurs entretiens ne furent plus dans la ſuite que sur le mépris du monde. Elle se sentoit animée à la vertu par l'exemple de son Frere, que toute la Ville de Moulins regardoit comme un Saint.

L'humilité paroissoit sur son visage & dans ses paroles ; & un jour qu'il estoit allé pour ouïr le Sermon dans l'Eglise de Nostre-Dame de Moulins, quelqu'un l'ayant empêché de se placer au lieu qu'il souhaitoit, il s'arrêta modestement sans se plaindre & sans affecter de faire dire son nom, pour s'attirer de l'honneur & pour reparer la petite mortification qu'il avoit receuë. Quoyqu'il fust hors de son Convent, il ne relâcha rien de son austerité. Il refusoit les viandes delicates que les Gens de la Duchesse lui presentoient ; & une fois qu'il se vit pressé de prendre quelque rafraîchissement, il répondit, *Qu'il n'estoit pas sorty du Monastere pour chercher des adoucissemens à sa Régle, & que Dieu le faisoit souvenir qu'en quelque lieu qu'il fust, il estoit toûjours Religieux.*

Quand il fut party pour retourner

à Rome, Madame de Montmorency résolut de se retirer dans le Couvent de Sainte Marie. Ce qui la détermina à ce choix, fut non seulement sa devotion particuliere à S. François de Sales, & l'estime qu'elle avoit pour Madame de Chantal, mais encore la pauvreté de cette Maison, qu'elle regarda comme un moyen pour lui faire perdre le souvenir des grandeurs humaines. Le Pere Arnoulx approuva son dessein. Il lui écrivit la consolation qu'il avoit de la voir dans des sentimens si Chrétiens; & l'exhorta à les suivre au plûtôt, puisqu'il n'y avoit plus rien dans le monde pour elle, *& que son cœur devoit chercher dans l'union avec Dieu, le seul bien qui le pouvoit rendre heureux.*

Madame de Montmorency commanda aussi-tôt à ses Gens de prendre une maison prés du Monastere où elle vouloit entrer; & elle leur promit de sortir tous les jours, pour les voir. Ce qui l'obligeoit à en user de cette maniere, estoient les visites de plusieurs personnes de qualité, qui alloient recevoir dans ses conversations du soulagement à leurs déplaisirs. Comme elle fit reflexion dans la suite, qu'entrant à tout moment dans le Monastere, elle en pourroit troubler l'ordre, elle prit des heures pour entrer & pour sortir. Elle régla aussi tout ce qui regardoit les Filles qui la servoient, avec deffense d'aller dans aucune Cellule, sans la permission de la Superieure. Elle fit aussi tenir prest pour un temps marqué, ce qu'on lui devoit envoyer à ses repas. Enfin après avoir fait un réglement pour tout ce qui la pouvoit regarder, elle quitta le Château la veille de S. Laurent, de l'année mil six cens trente-quatre, & entra dans le Monastere de la Visitation de Sainte Marie.

On ne peut dire la joye qu'eurent toutes les Religieuses d'avoir cette Princesse ; mais elles n'osoient la lui témoigner, à cause de l'état où elles la voyoient. Dés le soir qu'elle fut entrée, elle voulut assister à l'Office ;

& dans les commencemens de sa retraite, en prononçant les Pseaumes dont elle entendoit le sens, le Saint Esprit lui en faisoit si bien penetrer les veritez, & touchoit son cœur d'une si vive consolation, qu'on lui voyoit ordinairement le visage couvert de larmes. Cette ardeur divine animoit ces Filles à la sainteté, & le zéle de cette Princesse les incitoit à imiter ses vertus, sans rien trouver de difficile, qui pût rallentir la ferveur de leurs sentimens. Elles la voyoient toûjours exacte à garder les loix qu'elle s'estoit faites elle-mesme; & son exactitude fut si grande, qu'ayant appris que le Statut de l'Ordre deffendoit d'avoir dans le Convent aucun animal inutile, elle se défit d'un Agneau qu'elle aimoit, & qui s'estoit accoûtumé à la suivre, répondant à une de ses Filles qui l'en vouloit empêcher, *Que les personnes qui ont l'avantage de vivre dans le Cloître, en doivent observer les régles; & qu'il seroit bien injuste de causer du trouble dans un lieu où elle-mesme alloit chercher le repos.*

CHAPITRE XIV.

L'attachement de Madame de Montmorency pour le Convent de Sainte Marie de Moulins ; & avec quel zéle elle protegea les Religieuses, dans une grande occasion, contre ceux qui décrioient leur vertu.

Quelque temps aprés sa retraite dans cette Maison Religieuse, ses maladies l'obligerent de retourner aux Bains de Bourbon, qui lui furent alors extrêmement utiles, & qui la rétablirent jusqu'au point qu'elle se trouva assez forte pour entreprendre les jeûnes que le Pere Arnoulx lui avoit deffendus.

Les Filles de Sainte Marie lui témoignerent la part qu'elles prenoient au rétablissement de sa santé; & elle leur répondit avec une amitié singulière, qu'elle fit connoître dans une occasion importante que nous allons rapporter.

Dans ce temps, la Superieure du Monastere tomba dans l'hydropisie; & les Medecins, après avoir inutilement essayé tous leurs remedes, dirent que les Eaux de Bourbon estoient le seul qui la pouvoit guérir. Cependant cette Religieuse ne voulut pas consentir à y aller; & comme une des principales Régles de l'Ordre, est de ne jamais sortir du Convent, pour le recouvrement de sa santé, elle aimoit mieux mourir que de la violer, n'estimant pas sa vie assez precieuse pour la conserver en donnant mauvais exemple à des Filles dont elle avoit la conduite. Cependant ses Freres estoient fâchez de la perdre, faute d'un remede si aisé: & persuadez qu'il n'y en avoit point d'autre pour la guérir, ils eurent recours à l'Evesque d'Authun, qui voyant la justice de leur demande, envoya à cette Superieure une Obé-

C'estoit alors Mr deRagny

diance pour aller prendre les Eaux, dont elle se trouva extrêmement soulagée : Et ensuite ils la retinrent quelque temps avec eux, pour achever de la rétablir. Elle estoit accompagnée de quelques-unes de ses Religieuses, & pendant qu'elle fut à Bourbon, ou dans la maison de ses Freres, elle vécut avec la mesme austerité & la mesme vertu qu'elle faisoit dans le Monastere. Tous ceux qui les voyoient, estoient touchez de leur modestie; & on oüit dire à plusieurs personnes de qualité, *Que les Filles de Sainte Marie se distinguoient par tout ; qu'elles inspiroient le respect & la retenuë ; & qu'ils n'en avoient jamais vû qui eussent pû se seculariser mesme au milieu du monde.*

Le séjour de cette Superieure dans la maison de ses Freres, parut une innovation dans l'Ordre, & Madame de Chantal en receut plusieurs plaintes. Comme elle avoit un zéle extrême pour l'observance des Régles, elle ne se contenta pas de faire faire une reprimende particuliere à
la

la Superieure ; mais pour reparer l'injure qu'elle croyoit que l'Ordre entier avoit receu d'une pareille nouveauté, elle demanda à l'Evesque d'Autun permiſſion de la faire dépoſer avant la fin de ſa Charge. L'Evesque y conſentit, & envoya un Viſiteur avec commandement aux Religieuſes de choiſir une autre Superieure. Comme elles avoient beaucoup d'eſtime pour celle qu'on vouloit dépoſer, elles tâcherent de la juſtifier; mais le Viſiteur les obligea abſolument à une nouvelle élection.

Quelque ſoin que ces Filles euſſent de cacher au public ce qui s'eſtoit paſſé dans leur Monaſtere, elles ne pûrent empêcher que le bruit n'éclataſt; & la nouvelle élection faite avant le temps, donna à parler à tout le monde. L'eſprit de malignité qui eſt répandu preſque dans toutes les compagnies, fit auſſi-tôt ſoupçonner la Superieure dépoſée, de quelque deſordre ſecret. Les uns approuvoient ſa dépoſition, & les autres diſoient que les Religieuſes ne devoient pas la souffrir, parcequ'elle laissoit imaginer plusieurs choses desavantageuses à celle qu'on avoit déposée : Et il s'en trouvoit qui raillant de ce nouvel institut, estoient bien aises d'avoir lieu de le condamner par la désunion qu'ils disoient estre dans le Monastere.

Madame de Montmorency, qui estoit encore à Bourbon, apprit aussi-tôt ce desordre. Ceux qui estoient fâchez qu'elle se retirast dans ce Convent, se servirent de l'occasion pour lui ôter le dessein d'y retourner, sans oublier d'exagerer cette broüillerie, qui, à leur avis, devoit continüer, à cause de l'élection extraordinaire qu'on avoit faite. Ses Gens qui estoient sollicitez par des personnes de la Ville, & mesme par des Religieux, de lui donner du goût pour une autre Maison, lui disoient que les Filles de Sainte Marie avoient perdu par leur mauvaise conduite, l'estime qu'elles avoient acquise : Qu'on voyoit bien que leur vertu n'avoit que de l'apparence, puisqu'-

elles estoient contraintes de déposer mesme leur Superieure. Et ceux qui, sous de beaux pretextes de pieté, vont à des fins bien éloignées de celle du Christianisme, appuyoient adroitement les paroles de ses Domestiques, & faisoient glisser leurs raisons dans l'esprit de cette Princesse, pour lui inspirer insensiblement le dessein que leur interest s'estoit proposé.

Les differens conseils qu'on donnoit à Madame de Montmorency, pour la détourner de rentrer dans le Convent des Filles de Sainte Marie, & le bruit de la nouvelle élection, ébranlerent la resolution qu'elle avoit de passer sa vie avec elles. En effet, ne cherchant que la paix & le repos, elle craignoit de s'engager dans un lieu de contestation & de desordre, & mesme d'estre un jour obligée d'en sortir. Elle crut donc que puisqu'elle en estoit dehors, elle agiroit prudemment de bien penser à ce qu'elle devoit faire : Elle y songea quelques jours sans en rien communiquer à personne : & ayant prié le Ciel de luy découvrir sa volonté pour le choix d'une retraite qui devoit faire toute la douceur de sa vie, elle considera qu'il s'agissoit de proteger une Maison Religieuse, où il n'y avoit jamais eu aucun déreglement ; qu'elle estoit une partie considerable d'un nouvel Institut, qui commençoit d'éclater dans l'Eglise, & que si elle l'abandonnoit, son éloignement persuaderoit au monde, qu'elle y avoit reconnu un veritable desordre ; au lieu que son retour pourroit dissiper le bruit qui estoit arrivé, & arréter les suites de la calomnie. Ces raisons la confirmerent dans la pensée qu'elle avoit de rentrer dans ce Monastere ; & comme elle connoissoit la vertu des Religieuses, elle resolut non seulement de les proteger contre leurs ennemis, mais aussi de donner une partie de son bien pour leur fournir tout ce qui est necessaire à la vie. Quelque chose qu'on fist pour changer son dessein, on n'en pût venir à bout, & elle retourna dans cette Maison au mois d'Octobre suivant, où elle receut de la nouvelle Superieure le mesme honneur que lui avoit fait celle qu'on avoit déposée. Elle trouva parmy elles une amitié reciproque, & une parfaite intelligence qui la consola beaucoup, & la détermina encore plus à les deffendre contre les seculiers, & mesme contre des Prestres, qui poussez d'un zéle indiscret, se faisoient une vertu de les décrier dans le monde.

Comme elle sceut qu'un Religieux parloit contre elles publiquement, elle lui témoigna qu'elles meritoient un traitement plus doux, & qu'on leur imposoit tout ce que l'on publioit contre leur conduite. C'estoit un sçavant Docteur d'un Ordre fameux, mais d'une vertu sevère qui pouvoit autant venir du caractere de son esprit, que de la sainteté de ses mœurs. Comme il avoit oüy parler désavantageusement des Filles de Sainte Marie, & qu'il se persuadoit que le mal qu'on en disoit, estoit veritable, il s'emportoit dans ses Prédications contre leur relâchement pretendu ; & un jour, dans un Sermon qu'il fit en leur Eglise, il ne pût s'empêcher de les reprendre avec aigreur, comme des Filles décheuës de la perfection de leur Institut. Madame de Montmorency fut surprise de son indiscretion ; elle le pria en particulier de changer de discours, & lui protesta qu'elle voyoit tous les jours le contraire de ce qu'on lui avoit dit, & que si leur Maison estoit relâchée, elle ne l'auroit pas choisie pour s'y retirer; ajoûtant que s'il continüoit à les décrier, elle seroit obligée de quitter les Prédications, pour ne pas ouïr blâmer des Religieuses, qui, bien loin de meriter des corrections publiques, estoient dignes au contraire de l'estime de tout le monde.

Cependant le Religieux estoit tellement prévenu contre ce Monastere, qu'à la premiere occasion il recommença de parler avec la mesme aigreur ; & son imprudence alla jusqu'à proposer le relâchement des Filles de Sainte Marie, comme un écueil qu'il falloit éviter, de peur de tomber dans le desordre. Madame de Montmorency, qui ne pût souffrir ces paroles, sortit du Sermon, & par là elle fit connoistre à tout le monde l'injustice qu'on faisoit à ces Filles, de les persecuter publiquement, & de les accuser d'une désunion où elles n'avoient jamais esté. Cette action surprit & mortifia le Prédicateur; & on remarqua que tous ceux qui estoient presens, estant persuadez que cette Princesse n'entreprendroit pas la deffense d'une Maison où regneroit le desordre, commencerent à se desabuser des mauvaises impressions qu'on leur en avoit données, & connurent encore mieux dans la suite, que le bruit qui couroit de ces Religieuses, estoit un effet de la calomnie. Madame de Montmorency ne laissa pas de conserver toûjours pour ce Pere le mesme respect; & comme elle crût qu'il n'avoit parlé contre le Convent de Sainte Marie, que sur le rapport de quelques personnes mal intentionnées, elle ne perdit rien de l'estime qu'elle devoit à son merite & à sa vertu.

CHAPITRE XV.

Madame de Brechart arrive au Convent de Moulins, & ayant reconnu la vertu de Madame de Montmorency, elle l'obligea d'aider les Religieuses de ses conseils dans la vie spirituelle.

APrés que les faux bruits furent dissipez, & que ces Filles furent rétablies dans leur premiere reputation, Madame de Montmorency songea à soûtenir leur Maison de ses biens, pour ne leur laisser que le soin de leur salut. Mais comme alors elle se trouva sans argent, elle emprunta des sommes considerables, qu'elle paya peu de temps aprés, pour faire des provisions & pour parer l'Eglise. Elle travailloit elle-mesme aux ornemens des Autels ; elle veilloit aussi au soulagement des malades, à qui elle fournissoit tous les remedes necessaires pour leur rendre la santé, & elle alloit tous les jours dans leurs chambres, les servir & les exhorter à souffrir patiamment leurs maux. On la trouvoit auprés d'elles lisant la Vie des Saints, quand la maladie n'estoit pas violente ; & elle avoit fait un petit recueil des plus belles paroles de l'Ecriture, pour la consolation de celles qui ne pouvoient entendre de longues exhortations.

Dans ce temps là Madame de Brechart, troisiéme Religieuse de l'Ordre, & qui avoit esté la premiere Superieure de cette Maison, arriva à Moulins pour consoler ces Filles de la persecution qu'elles avoient souffertes. Cette Dame, morte en reputation de Sainteté, & dont le corps se conserve entier depuis quarante ans, estant au Convent de Sainte Marie, alla aussi-tôt saluër la Duchesse, dont elle avoit tant oüy parler ; &

dans ce moment elles conçûrent l'une pour l'autre, une estime & une amitié parfaite. Elle appaisa la douleur de ces Filles, & les entretenoit souvent des veritez éternelles, sur tout lors qu'elle estoit arrêtée dans le lit par ses maladies.

Madame de Montmorency, qui sceut les entretiens spirituels qu'elle faisoit aux Religieuses, se glissa un jour à un coin de la Chambre pour les entendre sans qu'elle la vist. Elle se sentit penetrée de la force de ses paroles ; & peu de jours aprés, elle lui demanda quelques conversations particulieres, pour lui ouvrir son cœur. Ce qu'elle fit plusieurs fois dans la suite ; & ce fut alors que cette sainte Mere commença à découvrir sa vertu & les dons extraordinaires que Dieu avoit répandus dans son ame. Elle vit la charité qui l'animoit, l'indifference qu'elle avoit pour tout ce qui n'alloit pas au salut, & le mépris qu'elle avoit conçû des grandeurs humaines, qu'elle appelloit *les illusions de la fortune, & les* faux plaisirs des enfans du siecle. Aprés avoir connu les grands talens de cette Princesse, elle l'exhorta de les employer pour le prochain, & d'aider les Novices par ses conseils.

Madame de Montmorency consideroit qu'estant encore dans un état seculier, elle ne devoit pas se mêler de la direction des personnes Religieuses ; & d'ailleurs, comme elle se persuadoit que bien loin de mener les autres à Dieu, elle avoit besoin d'y estre conduite elle-même, elle dit plusieurs choses à Madame de Brechart, pour éloigner l'employ qu'elle lui proposoit ; mais cette sainte Religieuse, aprés lui avoir répondu, Qu'elle sçavoit que les gens du siecle n'ont aucun droit de toucher au Sanctuaire, lui fit connoistre que ce n'estoit que pour des motifs particuliers, qu'elle la vouloit engager à soûtenir par sa vertu un Ordre qui commençoit dans l'Eglise. Elle tâcha donc de vaincre sa resistance, & la pressa de suivre le conseil qu'elle lui donnoit, dans la pensée que Dieu soûtiendroit sa foiblesse, & beniroit sa charité. Enfin, aprés l'avoir fait resoudre à travailler par ses instructions à l'avancement spirituel du Monastere, elle dit à ces Filles, „ Qu'elles pouvoient avec confiance „ découvrir leurs peines à cette Prin- „ cesse, qui possedoit mieux qu'elles- „ mêmes l'esprit de leur Institut.

Quand elle fut partie du Convent de Moulins, la Princesse fit reflexion à l'engagement qu'elle avoit accepté, & elle crût ne devoir pas commencer une occupation si importante, sans auparavant avoir demandé à Dieu les lumieres necessaires pour y réüssir. Elle s'appliqua pendant quelques jours à des meditations conformes à ce qu'elle alloit entreprendre; & aprés avoir consideré qu'elle répondroit à Dieu de tout ce qu'elle diroit à ces Filles, au lieu de se décourager par la crainte de sa Justice, elle se confia à la Misericorde divine, & commença à leur donner accez auprés d'elle, sans distinction de personnes ny de qualité, les recevant à toutes les heures, pourvû que ce fust sans interrompre les exercices communs. Elle les secouroit toutes également, sans autre veuë que celle de leur perfection ; & neantmoins elle s'attachoit à chacune en particulier, comme si elle eust esté la seule qu'elle dûst conduire. On remarqua en peu de temps un grand avancement dans le Monastere. La Superieure admiroit les lumieres & la vertu de cette Princesse, & fut elle-même lui découvrir son cœur, pour recevoir ses conseils. Elle écoûtoit avec beaucoup de charité les scrupules de ces Filles ; & quand quelqu'une avoit de la peine à pratiquer certaines mortifications, elle l'exhortoit à se vaincre, lui persuadant que la victoire qu'elle remporteroit sur elle-même, lui attireroit peut-estre la grace de son salut.

Une de ses principales applications estoit de les empescher d'avoir trop de complaisance pour elle ; & le respect qu'elles témoignoient pour ses avis, lui faisoit quelquefois craindre qu'elles ne se portassent à certaines actions de pieté, plus pour lui plaire, que par un veritable attachement à la vertu. Aussi elle élevoit toûjours leur esprit à Dieu, & épuroit leur intention, afin que Jesus-Christ fust le seul objet de leur amour. Et un jour, comme elle parloit à une Religieuse, *Ie m'estime assez malheureuse*, lui dit-elle, *d'avoir si longtemps dérobé mon cœur à Dieu, sans lui ôter encore ceux que lui-mesme s'est reservé.*

CHAPITRE XVI.

Madame de Montmorency assiste jusqu'à la mort, un de ses ennemis; & elle fait plusieurs grandes charitez à diverses personnes.

LA douceur de Madame de Montmorency trouva souvent les occasions de paroître envers les pauvres, & envers ses ennemis. Elle soulageoit les uns & les autres, & remettoit à Dieu son ressentiment contre ceux qui l'avoient persecutée, comme nous allons voir dans l'exemple suivant.

Tout le monde sçait qu'en l'an mil six cens vingt-neuf, il y eut de grands troubles dans le Languedoc, pour la creation des Eleus. Monsieur de Montmorency estant Gouverneur de la Province, y alla pour les appaiser, fer, & pour faire executer la volonté du Roy. Pendant qu'il y travailloit, un Officier de la Ville de Pezenas, faisoit tout ce qu'il pouvoit pour ruiner ses desseins. Il animoit secretement le peuple contre lui. Il disoit qu'il prenoit des sommes considerables pour soûtenir ceux qui estoient interessez dans cette nouvelle creation ; & il ajoûtoit mille fausses raisons pour persuader sa calomnie. Quand elle fut découverte, Madame de Montmorency le regarda comme un ennemy declaré de son mary ; & cet Homme qui se sentit coupable de plusieurs autres mauvaises actions qu'il avoit faites, sortit de la Province, & s'alla refugier dans des lieux inconnus, où il crût estre en seureté.

Quelques années aprés la mort du Duc, il passa à Moulins, où il tomba malade. Son mal l'obligea de s'y arrêter ; & comme il sceut que Madame de Montmorency y estoit, il craignit qu'elle ne se souvinst de ce qu'il avoit fait à Pezenas contre son mary, & qu'elle n'en vouluſt tirer vengeance. Il ſe logea à l'extrêmité d'un Fauxbourg, ſans vouloir dire ſon nom ny ſon pays; & il crût par ce moyen n'eſtre connu de perſonne. Cependant ſa maladie augmenta, & ayant dépenſé tout ce qu'il avoit, il fut abandonné de tout le monde. Madame de Montmorency qui veilloit toûjours aux occaſions de faire du bien, apprit qu'il y avoit un Etranger malade, ſans avoir les moyens de ſe faire guérir. Elle l'envoya viſiter par deux de ſes gens, qui le reconnurent, & rapporterent à la Princeſſe qui il eſtoit. Alors elle ſe ſentit touchée de ſa miſere, & remercia le Ciel de lui donner occaſion de ſoulager un Homme de qui elle avoit receu tant de déplaiſirs. Elle lui envoya tous les jours ſa Dame d'Honneur, pour apprendre de ſes nouvelles, & lui fit porter tout ce qui eſtoit neceſſaire à ſa guériſon. La longueur de ſa maladie donna le temps à ſa femme & à ſes enfans de l'aller trouver. Comme ils ſceurent à leur arrivée la charité de Madame de Montmorency, ils s'allerent jetter à ses pieds pour la remercier. Elle les receut avec beaucoup de tendresse ; & quand leur pere fut mort, elle les consola, & les exhorta à souffrir leur affliction avec une constance Chrêtienne, & les ayant retenus quelque temps à Moulins, elle leur donna une grosse somme pour soulager leur misere.

Dans ce mesme temps elle protegea une pauvre Femme, contre les poursuites d'un Homme considerable qui la vouloit faire mettre en prison; & quoyque cét Homme lui témoignast de l'aigreur, elle ne laissa pas de le tirer de prison lui-même, peu de jours aprés, où il avoit esté mis au Siege de Mourron.

Sa charité ne se faisoit pas seulement sentir de ceux qui se trouvoient dans le lieu où elle estoit, mais elle l'étendoit encore dans plusieurs Provinces, & répandoit ses biens dans tous les endroits où elle découvroit la necessité, se croyant assez recompensée de pouvoir assister des malheureux „ qui, comme elle „ disoit, beniroient Dieu de les avoir „ délivrez de leurs peines.

Elle apprit qu'un Gentilhomme souffroit à Paris une misere d'autant plus grande, qu'il n'osoit la découvrir, & qu'il languissoit de faim dans une chambre, où la honte le retenoit, sans se pouvoir resoudre à demander du secours à personne. Elle écrivit à son Intendant, de l'aller chercher, & de lui donner huit cens livres, comme s'il lui payoit une debte, sans lui dire de qui cette somme venoit; & elle continua la mesme charité tant qu'il en eut besoin. Ce Gentilhomme, aprés avoir longtemps demandé le nom de la personne qui l'assistoit, découvrit à la fin que c'estoit Madame de Montmorency. Il lui témoigna une extrême reconnoissance dans la Lettre qu'il lui écrivit, dont voicy quelques paroles.

Je ne puis vous exprimer, Madame, le ressentiment que j'ay de vostre charité;

la D. de Montmorency.

& *de la maniere dont vous me la faites, vous soulagez ma misere en m'épargnant la honte, qui est un mal aussi grand que la pauvreté. Ie prie le Ciel de vous conserver pour apprendre au monde à prévenir la necessité des malheureux, & à l'adoucir par des aumônes sans ostentation & connuës seulement de Dieu, qui en doit estre la recompense.*

Elle apprit dans le mesme temps, qu'un autre Gentilhomme de Languedoc estoit pressé par des creanciers qui le cherchoient pour le faire mettre en prison. Elle lui envoya dequoy payer ses debtes; & depuis elle lui continüa ses liberalitez à diverses reprises, jusqu'à ce que ce Gentilhomme l'alla remercier, & lui dit qu'il estoit dans un état plus heureux qu'auparavant.

Cette Princesse ne cessa jamais ses aumônes pendant qu'elle fut dans la vie seculiere. Elle assistoit avec un zéle particulier les Ecclesiastiques qui avoient besoin de secours. Elle donnoit à de pauvres enfans dequoy continüer leurs études, où elle les mettoit dans une profeſſion, afin qu'ils pûſſent gagner leur vie chrêtiennement. Elle nourriſſoit les priſonniers qu'on laiſſoit preſque mourir de faim, & délivroit ceux qui eſtoient retenus pour des debtes.

Quand elle ſceut que les gens de guerre, qui ſejournoient à Moulins & aux environs, avoient cauſé une grande miſere parmy le peuple, elle redoubla ſes aumônes, qu'elle fit ſecretement paſſer à des perſonnes que la honte avoit reduites à l'extrêmité.

Elle plaçoit les pauvres Filles qui le ſouhaitoient. Elle marioit les autres qui eſtoient en danger de ſe perdre ; & faiſoit Religieuſes celles qui avoient un veritable détachement du monde. Elle contribuoit non ſeulement à la ſubſiſtance de pluſieurs Convents, mais encore elle entretenoit des Miſſionnaires dans le Japon & dans le Canada : Et les Urſulines ne pouvant faire ſubſiſter une d'elles, qu'on avoit envoyée dans ces pays pour inſtruire les jeunes Filles dans la Religion Catholique, eurent recours à cette Princesse, qui leur donna, tous les ans, ce qu'elles demandoient pour continüer leur charité.

Aprés avoir sçeu que le Pere d'une Religieuse qui estoit avec elle dans le mesme Convent, souffroit une grande necessité, elle lui donna dequoy le soulager ; & la pria d'aller toûjours à elle lui demander le mesme secours. La Religieuse ayant éprouvé deux ou trois fois sa bonté, n'osa plus lui faire la mesme priere, de peur de se rendre incommode. Un jour, comme la Princesse vit cette Fille dans un grand abattement, elle la prit en particulier, & la conjura de lui découvrir la cause de sa douleur ; mais n'en pouvant venir à bout, *N'est-il pas vray*, lui dit-elle, *que vous avez vû vostre pere, & que vous ne le voulez pas avoüer ?* Alors cette Fille fondit en larmes. *Je ne laisseray pas*, continüa Madame de Montmorency, *de vous donner ce que vous ne me voulez pas demander.* Et lui mettant dans la main une somme assez considerable, *Ie vous pardonne pour cette fois*, ajoûta-t-elle en l'embrassant, *à condition que ce sera la derniere que vous manquerez de confiance pour moy.*

Dans ce temps-là un Gentilhomme Huguenot, qui avoit esté chassé d'une Place de Languedoc, dont il avoit le Gouvernement, se retira à Moulins avec sa famille. Comme il avoit beaucoup d'enfans & peu de bien, & qu'il se voyoit abandonné de tout le monde, il estoit reduit à une grande necessité. Madame de Montmorency lui envoya une somme d'argent, & le fit prier de lui donner la plus jeune de ses Filles, pour la tenir auprés d'elle. Le Gentilhomme surpris de la generosité de cette Princesse, & de l'honneur qu'elle lui faisoit, la lui presenta lui-mesme, à condition qu'elle ne lui parleroit pas d'estre Catholique. Ce qu'elle lui promit. *Mais*, ajoûta-t-elle, *si elle s'y portoit de bon gré, par les bons exemples qu'elle verra, vous ne serez pas fâché*

la D. de Montmorency.
que je favorise ses desseins.

Elle travailla si heureusement auprés de cette jeune Fille, qu'elle fit abjuration dans l'année ; & ensuite elle se sentit si vivement touchée de la Grace, qu'elle voulut estre Religieuse dans le Convent de Sainte Marie, où Madame de Montmorency la fit recevoir.

Les prieres de cette Princesse attirerent une si grande benediction sur les autres Enfans de ce Gentilhomme, que non seulement ils se firent tous Catholiques ; mais lui-mesme, qui avoit perdu son Gouvernement, par cequ'il avoit refusé de quitter sa Religion, se convertit à la Foy, & vécut dans une parfaite vertu. Elle lui fournit toûjours dequoy subsister, jusqu'à ce que par le credit qu'elle avoit auprés de quelques Prélats, elle lui fit donner une pension du Clergé, pour entretenir sa famille.

CHAPITRE XVII.

Madame de Montmorency se met sous la direction du Pere de Lingendes. Les differentes manieres dont Dieu conduit les ames; & les témoignages que ce sage Directeur rendit de sa vertu. Elle termine plusieurs procez & plusieurs inimitiez entre des personnes considerables.

PEndant ce temps le Pere de Lingendes alla prêcher à Moulins, où il fut écouté avec les applaudissemens ordinaires que sa grande reputation lui attiroit par tout. Madame de Montmorency ne perdit aucun de ses Sermons; & ensuite elle se mit sous sa direction. Elle commença par lui faire une confession generale, sans rien oublier de ses moindres imperfections, pour lui bien faire connoiſtre l'état de ſon ame, afin qu'il lui puſt donner des avis utiles pour ſon ſalut. Peu de temps aprés on remarqua du changement en elle, non pas dans ſes mœurs, qui avoient toûjours eſté reglées, mais en ſa maniere d'agir, qui eſtoit beaucoup plus élevée qu'auparavant. Auſſi le Pere de Lingendes, parlant un jour d'elle à quelques Filles de Sainte Marie, *Si vous ſçaviez*, diſoit-il, *d'où Madame de Montmorency eſt revenuë, & où elle eſt preſentement, vous verriez ce que peut la grace dans un cœur qui s'y laiſſe conduire.* Ce témoignage n'a pas eſté le ſeul qu'il a rendu de ſa vertu ; & nous en rapporterons d'autres pour faire voir l'eſtime ſinguliere qu'il en avoit.

On peut icy remarquer par occaſion, la conduite de Dieu ſur les ames qu'il a choiſies. Le Pere Arnoulx qui avoit eſté ſon premier Directeur, ne l'avoit pas éloignée du ſouvenir du Duc ſon mary, au contraire il le loüoit ſouvent dans ſes Lettres, pour s'accommoder à sa foiblesse & donner par ce moyen un libre cours à ses larmes. En effet, comme elle avoit receu dans sa mort la plus grande affliction qui lui pûst arriver, elle crût que son amour estant legitime, elle pouvoit pleurer sans mesure. Aussi Dieu ne voulut pas alors lui ôter ce juste sentiment de la nature; il n'estoit pas encore temps de l'élever à l'état de perfection, & la Providence lui laissa la consolation de sa douleur. Mais ensuite Dieu éleva son cœur au dessus des choses humaines; & le Pere de Lingendes qui se voyoit engagé à sa direction, ne lui parla jamais que des grandeurs du Verbe incarné, pour lui remplir l'esprit de divines idées, & lui faire oublier celles de son Mary. Elle estoit surprise de l'affectation qu'il avoit à se taire sur tout ce qui regardoit la memoire de Monsieur de Montmorency : Et un jour, comme elle se hasarda à lui en parler elle-mesme, par maniere d'ouverture de cœur, elle fut étonnée qu'au lieu de lui répondre, il changea de discours, & ne l'entretint que du seul attache-chement qu'on doit avoir à Dieu, abandonnant tout le reste à sa Providence. Elle connut par cette réponse, ce qu'on lui vouloit persuader, qu'il y a un temps de verser des larmes, & un temps de les arrêter ; que l'on peut quelquefois écoûter les foiblesses de la nature, mais qu'à la fin il les faut vaincre. Et en effet, estant rentrée en elle-mesme, elle épura tellement son cœur de l'amour des creatures, qu'elle ne chercha plus que Dieu, & renonça mesme au plaisir qu'elle avoit dans l'exercice de la penitence. Elle auroit souhaitté de trouver la vertu toûjours rude & toûjours penible, & non pas douce & facile.

Elle ne pouvoit souffrir aucune loüange sur l'austerité de sa vie. Aussi elle ne répondit rien à une Dame qui admiroit ses mortifications ; & elle dit à une personne qui lui demanda la cause de son silence, *Que depuis qu'elle avoit quitté le monde, elle* n'en connoissoit plus le langage. C'estoit de l'élevation d'ame de cette Princesse, dont parla un jour le Pere de Lingendes, dans un entretien qu'il eut, avant son départ, avec quelques Filles de Sainte Marie. *Ie laisse, Madame de Montmorency*, dit-il, *dans la possession de ce qu'elle a le plus aimé, & si je l'ose dire, dans un état pour son ame, où il est mal aisé de rien adjoûter que la perséverance, qui, avec le secours divin, ne sera pas difficile à une vertu comme la sienne.*

Quelque temps aprés, dans une Lettre aux mesmes Filles, *Ie pense*, dit-il, *qu'il y a peu d'ames en ce siecle, qui égalent la vertu de Madame de Montmorency, & j'ose asseurer qu'il n'y en a guéres eu dans les precedens qui nous ayent laissé des exemples d'une plus grande humilité. Tout le monde la voit dans sa conduite, mais personne ne sçait mieux que moy, combien lui a coûté sa vertu.*

Il ajoûte dans une autre Lettre aux mesmes Religieuses, *Si l'exemple des morts vous doit exciter à la perfection, l'exemple vivant de Madame de*

Montmorency, que Dieu vous met devant les yeux, vous condamnera, si vous ne tâchez de le suivre. Vous voyez en elle tout ce que vous lirez de meilleur pour vous, dans la Vie des plus grands Saints. Souvenez-vous qu'elle n'en est pas venüe à ce point, sans de grands efforts sur la nature, & de profondes soumissions à la grace. Il est vray qu'elle y a si parfaitement réüssi, que les plus difficiles vertus sont celles qui lui semblent les plus naturelles.

Et un jour, lui écrivant à elle-mesme, *La grande idée que vous avez de Dieu,* lui dit-il, *fera toûjours vostre peine à son service. Vous ne serez jamais contente de vous, sur ce point. Mais, Madame, servez-vous du conseil que vous donnez aux autres, mesurez vostre devoir à vos forces, & contentez vous de faire ce que Dieu veut que vous fassiez.*

Madame de Montmorency estoit encore seculiere, quand elle vivoit dans la perfection dont nous venons de parler. Quoyqu'elle se soit retirée au Convent de Sainte Marie, elle en sortoit tous les jours, pour des choses necessaires, & elle conservoit sa famille & son train, comme un reste de sa premiere grandeur. On lui avoit conseillé de le faire, parcequ'on estoit persuadé qu'elle n'y avoit aucun attachement; & qu'au contraire ces marques exterieures d'honneur imprimoient le respect à ceux qui ne connoissoient pas son merite, & sembloient lui donner plus de force & d'autorité pour détruire le mal.

Ce fut dans ce temps-là qu'elle accorda plusieurs personnes considerables, qui estoient divisées par de longs procez. Elle termina heureusement celui de Monsieur le Duc de Ventadour, contre Madame la Maréchale de Saint-Geran, pour la succession du Maréchal. Ces deux personnes persuadées de la justice & de l'équité de la Princesse, lui remirent entierement leurs interests; & Dieu lui donna tant de lumieres pour discerner ce qui estoit juste, qu'elle finit, au gré de tout le monde, des contestations qui duroient depuis plusieurs années. Elle

Elle accorda aussi, mais avec beaucoup plus de peine, deux Officiers de robbe, qui se ruinoient depuis longtemps dans la poursuite de plusieurs méchantes affaires, tellement embrouillées qu'il estoit presque impossible de les éclaircir. Ils ne se contentoient pas de soûtenir leurs interests, mais leurs écrits estoient pleins d'aigreur & plus propres à se décrier qu'à deffendre leurs pretentions. Plusieurs personnes considerables avoient tâché de les accorder ; mais comme ils trouvoient dans leur esprit une opiniâtreté qu'aucune raison ne pouvoit vaincre, ils avoient esté obligez de les abandonner à leur furie. Madame de Montmorency voyant ce desordre avec douleur, entreprit d'en arrêter le cours. Elle envoya querir separément les deux Officiers, pour apprendre d'eux-mesmes la cause de leur division. Quand elle les eut ouïs plusieurs fois, elle les pria de lui remettre leurs interests. A quoy ils consentirent pluſtôt par complaiſance qu'avec deſſein de s'accommoder. Alors elle fit venir des gens éclairez & d'une longue experience dans les affaires. Elle leur expofa le fujet de la contestation, & lût elle-mefme tous les papiers qui pouvoient fervir à éclaircir & à deffendre les interefts de l'un & de l'autre ; & aprés avoir paffé plus d'une année dans des Conferences, elle fit dreffer les Articles d'accommodement avec toute la juftice & l'équité poffible.

A peine commença-t-elle à les lire à l'un de ces Officiers, qu'il dit d'abord en l'interrompant, qu'il ne s'accorderoit jamais aux conditions qu'elle lui vouloit impofer. Il fouffrit mefme avec impatience la fuite de cette lecture, & il la quitta fort échauffé, avec proteftation de reprendre au premier jour fes pourfuites. Et l'autre la traita prefque de la mefme maniere. Neantmoins au lieu de fe rebuter, elle difoit que la douceur eftoit une agreable rufe pour venir à bout des affaires defefperées. Elle rappella ces mefmes perfonnes, pour tâcher de les faire parler fans paffion,

Sur chaque article, elle leur fit voir clairement & en des paroles obligeantes, le soin qu'elle avoit eu de menager leurs interests, & les pria de signer l'accommodement pour vivre ensemble d'une manière plus Chrétienne. Quoyqu'ils n'eussent rien de raisonnable à répondre, au lieu de consentir à ses prieres, ils rompirent toutes les nouvelles mesures qu'elle prenoit pour arrêter leur dessein, & recommencerent leurs poursuites l'un contre l'autre, avec plus de furie qu'auparavant.

Madame de Montmorency qui estoit touchée de leur conduite scandaleuse, alla trouver celui qui avoit paru le plus opiniâtre, & aprés lui avoir parlé avec cette colere que Dieu excite quelques fois dans les grandes ames, elle lui mit devant les yeux tout ce que l'emportement lui faisoit entreprendre. Elle lui demanda où aboutiroient les calomnies qu'il debitoit contre son adversaire, & s'il croyoit que cette maniere pernicieuse de deffendre ses droits, fust permise par la Loy de Dieu, comme elle estoit malheureusement tollerée par la froideur des Hommes. Enfin recommençant à lui parler des Articles qu'elle avoit fait dresser pour finir leur contestation, elle le sçût si bien persuader, & Dieu donna tant de force à ses paroles, que cet Homme se trouva tout-à-coup interdit, & lui témoigna qu'il estoit prest de faire tout ce qu'elle jugeroit à propos. La Princesse envoya au moment chercher l'autre Officier, à qui elle parla avec la même efficace; & comme elle vit qu'il ne s'éloignoit de ses intentions, que parcequ'il disoit qu'il perdroit mille écus, elle les lui donna sur le champ elle-mesme, pour le mettre hors d'état de se plaindre, & pour conclurre l'accommodement.

Elle n'épargna rien dans une autre occasion, pour accorder deux Gentilshommes qui se haïssoient depuis plusieurs années, & qui, par la maxime du monde, faisoient passer leur haine dans le cœur de leurs enfans. Aprés avoir tenté beaucoup de moyens inutiles, à la fin elle vint à bout de son dessein, & les fit reconcilier en sa presence. Et ce qui est admirable, la resistance qu'ils avoient faite de s'accorder, servit à un autre accommodement entre des personnes qui, sans avoir ensemble de grandes aigreurs, vivoient neantmoins dans une indifference peu Chrétienne.

Une de ces personnes se trouvant avec elle, & la conversation estant tombée sur la peine qu'elle avoit euë à raccommoder ces deux Gentils-hommes, *Je m'étonne, Madame, lui dit-il, que vous n'ayez pû le faire pluftôt. Il ne faut que voir vostre douceur & vostre exemple, pour oublier les injures qu'on a receuës. J'ay peine à croire ce que vous dites,* répondit-elle, *mais il ne tiendra qu'à vous de me le persuader, si vous vous voulez rendre vous-mesme à la priere que je vous fais, d'aller voir un tel* (qu'elle lui nomma) *avec qui vous vivez depuis longtemps avec assez de froideur.* Cet Homme surpris de cette réponse qu'il n'attendoit pas, se trouva engagé par honneur, à lui obéir. Il alla voir, le mesme jour, celui qu'elle lui avoit nommé; & ils vécurent depuis dans une parfaite amitié. Tant il est vray que les discours de cette Princesse sçavoient porter à la gloire solide, qui est de se vaincre soy-mesme & de sacrifier à Dieu ses propres ressentimens.

CHAPITRE XVIII.

Madame de Chantal arrive à Moulins ; ses entretiens avec Madame de Montmorency.

Aprés que Madame de Montmorency eut longtemps souhaité de voir Madame de Chantal, pour lui découvrir son cœur & lui demander des conseils dans la vie spirituelle, son desir fut enfin satisfait ; & cette sainte Religieuse qui revenoit de Paris, s'arrêta dans le Convent de Moulins, pour la consolation de la Princesse. Comme elles estoient liées d'affection depuis plusieurs années, quoyqu'elles ne se fussent jamais veuës, leur premier abord fut plein de tendresse, avec la mesme liberté que si elles eussent toûjours vécu ensemble. Madame de Chantal avoit des lumieres extraordinaires pour la conduite des ames ; elle connoissoit & faisoit pratiquer la vertu avec toute l'élevation & la pureté de cœur dont un Chrêtien est capable, sans s'amuser à de vains scrupules, ou à de certains petits exercices spirituels que l'humeur choisit plustôt qu'une veritable pieté, & dans lesquels la plûpart des Dames devotes font consister la perfection de l'Evangile. Comme cette Religieuse s'entretenoit un iour avec Madame de Montmorency, elle fut surprise de trouver en elle tant de vertu, & sur tout un si parfait détachement des choses du monde. Elle lui demanda par quel moyen elle avoit mis son ame dans l'état où elle estoit, adjoûtant qu'elle ne doutoit pas que ses malheurs, les persecutions de ses ennemis, le renversement de sa fortune, & d'autres semblables accidens n'eussent pû contribuër à lui faire mener une vie retirée. Mais, Madame, continüa-t-elle, l'experience m'a souvent fait connoître que tous ces maux font autant de pecheurs que de Saints ; & j'ay vû plusieurs fois des personnes qui, bien loin d'aller à Dieu pour se consoler des pertes qu'ils avoient faites, & chercher dans lui le soulagement à leur misere, se sont portez contre eux-mesmes à de grandes violences. Les maux, répondit Madame de Montmorency, n'ont pas esté les seules raisons que j'ay eües de me retirer dans la solitude. J'ay toûjours senty de l'indifference pour le monde, mesme lors que j'estois à la Cour. Mes malheurs m'ont trouvée dans cette disposition, & je les ay receus comme des moyens que Dieu me donnoit pour executer le dessein que j'avois dés mon enfance, de vivre dans la retraite, comme une femme inconnuë, sans autre occupation que celle de mon salut. J'ay tâché de me mettre dans l'état que j'aimois, & je vis depuis quelques années, comme vous voyez, dans cette Maison, esperant que le Ciel aura pitié de mon ame.

Madame de Chantal fut touchée de ces paroles, & l'esprit de Dieu, dont elle estoit éclairée, lui découvroit dans le cœur de cette Princesse une profonde humilité & une parfaite soumission à la volonté divine. Elle admiroit avec quel courage elle avoit soûtenu la mauvaise fortune, & les biens infinis que sa patience avoit tirez de ses malheurs. Elle continüa à lui demander les reflexions qu'elle faisoit alors sur sa grandeur passée. *C'est un beau songe que j'ay fait*, répondit-elle, *& qui s'est évanoüy à l'approche de mes douleurs. Heureusement pour moy il n'a pas esté long, car peut-estre je m'y serois accoûtumée.* Puis tombant sur le suiet de Monsieur de Montmorency, dont le souvenir lui estoit toûjours cher, elle dit que n'aimant que lui, sa mort avoit achevé de l'éloigner des creatures.

Madame de Chantal répondit d'un air à lui faire connoistre qu'elle craignoit de l'affliger, si elle continüoit ce discours. *Non, Madame*, dit la Princesse, *je ne pleure pas comme j'ay fait,*

& Monsieur de Montmorency merite d'estre regreté d'une autre maniere qu'avec des larmes. Ces paroles donnerent la liberté à la Mere de Chantal de lui demander en quel état elle s'estoit trouvée quand on le fit mourir. *Aprés que les premiers mouvemens de ma douleur furent passez,* répondit-elle, *Dieu me fit sentir tout-à-coup sa presence, qui dura longtemps, avec une protection si particuliere, qu'il sembloit m'avoir ôté le pouvoir de l'offenser; & j'estois aussi fortement retenüe pendant ma grande affliction, que le seroit une personne qu'une autre plus forte tiendroit serrée, sans lui laisser la liberté de se remüer.* Ensuite elle passa sur divers points de la perfection Chrêtienne, pour lui découvrir l'état de son ame.

Cette sainte Religieuse la conjura de lui dire s'il y avoit quelque chose qui lui fit de la peine dans la vie retirée. Elle lui répondit qu'elle n'avoit jamais eu tant de plaisir, qu'elle en avoit alors : Qu'elle remercioit le Ciel de l'avoir tirée du siecle, où l'on cherche le joug de l'iniquité par tant de soins & d'inquietude, refusant celui de Dieu, qui est plein de douceur & de consolation : Qu'elle n'avoit plus la douleur de voir l'innocence persecutée, & les gens de bien accablez : Et qu'elle benissoit la Misericorde divine de l'avoir éloignée du monde, où le crime est presque toûjours dans l'éclat, & où il semble qu'il n'y a rien de plus à craindre que la vertu.

Aprés elle lui redit le détail de sa conduite dans la vie qu'elle avoit embrassée ; & Madame de Chantal qui remarqua dans ses discours la joye qu'elle avoit de s'estre sacrifiée à Jesus-Christ, ne pût s'empêcher de lui marquer par des larmes la consolation que lui donnoient ses paroles. Cependant elle la pria de ne pas s'abandonner trop aux mortifications, de peur d'augmenter les maladies dont elle estoit ordinairement tourmentée. Mais la Duchesse dit qu'elle ne devoit chercher que la rigueur de la penitence. *Dieu veut*, repliqua Madame de Chantal, *que vous mena-*

giez vos forces. Si je croyois, reprit la Princesse, *l'avoir aimé un seul jour, pourrois-je souhaiter de vivre plus long-temps?*

Madame de Chantal sortit d'auprés d'elle avec une singuliere veneration pour sa vertu. Aprés avoir consideré, comme avoit fait la Mere de Brechart, que l'Institut estant dans son commencement, pouvoit tirer de grands secours de la Duchesse, elle exhorta les Religieuses à continuër de recevoir ses conseils. Elle dit à la Superieure de ne rien entreprendre dans les affaires du Convent, sans demander son avis : Et quand elle fut partie de Moulins, elle ne pût se lasser de parler de sa vertu, dans toutes les Maisons de son Ordre, où elle passa.

Pendant leur separation, elle lui écrivit plusieurs fois, & dans une de ses Lettres on a trouvé ces paroles.

Hé bien, Madame, que fait vostre cœur ? Ne se tient-il pas toûjours au dessus de tout ce qui n'est pas Dieu, &

au deſſous de ſa volonté, pour ſuivre les ſentimens qu'il vous donnera? Les diſpoſitions que j'y ay veuës, me perſuadent qu'il eſt fait pour cela. Hà! Madame, aimez tendrement & fortement celui qui ne peut jamais eſtre aſſez aimé. Ie conjure le Ciel de vous faire ſentir les ardeurs de ſa flâme, & les conſolations dont jouïſſent les perſonnes qui brûlent de l'amour divin.

CHAPITRE XIX.

Le Pere de Lingendes conseille à la Duchesse de s'engager à la Religion.

QUoyque Madame de Montmorency fust attachée à la devotion, neantmoins c'estoit sans aucune régle déterminée, & d'ordinaire selon le loisir que lui donnoit la charité qu'elle avoit pour servir le prochain: Mais en l'année mil six cens trente-sept, elle commença à régler ses heures. Elle en prit pour l'Oraison, pour la lecture spirituelle, pour l'Office divin, & mesme pour travailler de ses mains aux Ornemens de l'Autel.

Alors les douleurs de la sciatique, qu'elle souffroit depuis un an, redoublerent avec beaucoup de violence; & les bains lui ayant esté presque inutiles, elle resolut de quitter les remedes & de s'abandonner entierement à la Providence. Cependant le mal qui augmentoit chaque jour, lui retira les nerfs & la mit hors d'état de marcher. On recommença de nouveaux remedes, qu'elle souffrit par obéissance, quoyqu'elle en fust presque autant tourmentée que de ses maux.

Dans ce temps, la Mere Jeanne des Anges, Superieure du Convent des Ursulines de Loudun, qui alloit accomplir un Vœu qu'elle avoit fait, passa à Moulins pour la voir. Elle lui raconta quelques particularitez de la possession de ses Religieuses. Ensuite elle lui dit de quelle maniere elle avoit esté délivrée par le secours de S. Joseph ; & lui donna quelques Reliques qui avoient contribué à sa délivrance. Madame de Montmorency les prit avec beaucoup de respect. Elle s'adressa au mesme Saint ; & estant guérie quelque temps aprés, elle fit bâtir une Chappelle à son honneur, que l'on voit encore aujourd'huy comme un monument de pieté. Il y

Il y avoit longtemps qu'elle songeoit à quitter le monde & à s'engager à la Religion. Ce desir la pressa tellement qu'elle le communiqua au Pere de Lingendes, dans une conference qu'elle eut avec lui, sur plusieurs choses particulieres ; mais soit qu'il oubliast de lui répondre, ou qu'il ne crût pas le devoir faire alors, il ne lui dit rien là-dessus. Ce silence la toucha, sans qu'elle osast le témoigner. Elle crût qu'il ne la trouvoit pas digne de cet état ; & elle ne lui en parla pas davantage. Cependant elle conserva toûjours son dessein, jusqu'à ce que Dieu lui eust donné moyen de l'executer.

En effet, elle commença à mettre ordre à ses affaires ; & comme elle sceut qu'estant étrangere elle ne pouvoit disposer de ses biens, mesme en faveur de l'Eglise, sans des Lettres de naturalité, elle supplia le Roy Loüis XIII. de les lui accorder. Ce que sa Majesté fit aussi-tôt, & accompagna cette grace de plusieurs marques d'estime pour sa personne

& pour sa vertu. Quand elle eut obtenu ces Lettres, elle s'appliqua à suivre exactement la Régle de Sainte Marie, où elle vouloit s'engager, sans manquer à aucun exercice de pieté que les Religieuses faisoient tous les jours, aux heures ordinaires. Elle se priva de tous les parfums qu'elle aimoit beaucoup; & quelque attachement qu'elle eust à la propreté, elle ne voulut changer de linge qu'une fois la semaine, comme on faisoit dans le Monastere.

Elle écrivit aussi à Madame de Chantal le dessein qu'elle avoit d'entrer dans son Ordre, & la pria de venir elle-mesme la former dans la nouvelle vie qu'elle vouloit entreprendre. Madame de Chantal lui témoigna aussi-tôt l'inclination qu'elle avoit à la satisfaire; mais qu'elle n'oseroit partir sans demander auparavant la permission à l'Evêque de Geneve, à qui elle devoit obéir. Et quelques jours aprés, n'ayant pû l'obtenir, elle lui écrivit avec beaucoup de douleur, que ce Prélat l'a-

C'estoit alors Dom Juste Guerin.

la D. de Montmorency. 163

voit retenuë, & qu'ainsi elle ne pourroit avoir la consolation de l'aider dans son dessein. Cependant Madame de Montmorency ne laissa pas d'esperer le secours de cette sainte Religieuse, & de lui écrire „ Que „ malgré les obstacles qu'on mettoit „ à son voyage, Dieu feroit pour elle „ ce que les Hommes ne lui vou- „ loient pas accorder. Ce qui arriva, & son desir fut accomply, comme nous verrons dans la suite.

Pendant ce temps-là, cette Princesse redoubla son zéle avec une ardeur singuliere, & s'attacha si uniquement à la Croix de Jesus-Christ, qu'elle oublia, au moins pour un temps, Monsieur de Montmorency, & ne voulut pas songer au Mausolée qu'elle avoit resolu pour éterniser sa memoire. Toute l'application de son ame estoit d'aimer Dieu. *Tous les autres attachemens*, disoit-elle, *sont vains & inutiles, & il n'y a que lui seul qui connoissant l'étenduë de nostre amour, le puisse dignement recompenser.* Et un jour, expliquant aux Religieuses qui

L ij

l'alloient voir pendant sa maladie, pourquoy Dieu demande toûjours nostre cœur, elle dit que les Medecins lui avoient autrefois appris que c'estoit la premiere partie qui estoit animée, dans la formation du corps humain, & la derniere qui mouroit: Et qu'ainsi Dieu nous faisoit entendre par ces paroles, qu'il vouloit le premier & le dernier moment de nostre vie. *Voila*, ajoûta-t-elle agreablement, *la leçon que, sans y penser, les Medecins m'ont faite pour mon salut, & la verité que j'ay apprise de mes maux.*

Elle ne voulut pas demeurer plus longtemps sans communiquer encore son dessein au Pere de Lingendes, comme elle avoit fait deux ans auparavant. Aprés l'avoir entretenu, quelques heures, de la durée & de la force de sa vocation, elle le pria de demander au Ciel, les lumieres necessaires pour la conduire. Elle lui redit tout le détail de sa vie, & s'arrêta aux endroits principaux, pour les lui faire bien remarquer, afin que de cette ouverture de cœur, il pûst lui donner les avis qu'elle souhaitoit. Neantmoins il ne crût pas qu'il fust alors à propos de lui répondre; mais pour la bien conseiller, il la pria de lui écrire auparavant les raisons qui la portoient à estre Religieuse, & celles qu'elle auroit pour demeurer dans la vie seculiere, afin qu'après avoir examiné les unes & les autres, il lui pûst expliquer la volonté de Dieu. Madame de Montmorency admira la prudence de son Directeur, & elle fit au pluftôt ce qu'il lui ordonnoit, comme on voit dans un Memoire dont voicy à peu prés les paroles.

La premiere raison qui me porte à la Religion, c'est la volonté que j'en ay toûjours euë, mesme dés mon enfance; mais je ne l'osay dire à personne, de peur qu'on ne se moquast de ma resolution. Cependant il me souvient qu'alors j'aimois veritablement la solitude; que je faisois souvent reflexion, estant seule, au plaisir qu'il y a d'estre éloignée du monde: Et je sentis une grande douleur quand mon Pere me vint apprendre le Mariage où la Reine m'avoit engagée. Quand je fus mariée, je ne perdis pas mon dessein; & il me venoit quelques fois en pensée, malgré moy, que si Dieu m'affligeoit de la mort de Monsieur de Montmorency, je finirois ma vie dans un Convent, & j'avois alors en moy mesme, quelque consolation dans la crainte de ce malheur. Et en effet, au moment qu'il m'arriva, la premiere resolution que je fis, fut d'estre Religieuse : Neantmoins, comme dans la suite je me vis accablée de maladies, je doutois si je la devois executer. Mais le Ciel m'ayant, en quelque façon, rendu la santé, je crois qu'il veut que je persevere dans mon dessein, d'autant plus que je vois que mes affaires ont de mauvais succez, que presque tous mes amis me quittent, & que j'ay perdu par la mort plusieurs de mes Gens, que j'employois à deffendre mes interests; & je me persuade que Dieu me veut détacher par là de tout ce qui me pourroit encore donner quelque inclination pour le monde.

De plus, je sens que je ne feray jamais mon devoir dans la vie seculiere, parceque ie suis trop foible pour me porter de moy-mesme à la vertu. En effet, il me semble que quoyque ie fasse pour attirer sur moy la Misericorde divine, ie ne m'amuse qu'à des choses inutiles ; & ie crois que ma devotion est plustôt un effet de mon choix & de mon humeur, qu'un veritable attachement à la vie Chrêtienne. Ie sens aussi que si j'estois engagée dans quelque Régle, ie ferois beaucoup plus de bien, parceque j'aurois la consolation de suivre la volonté de mes Superieurs, & de ne rien faire que par obéïssance.

Enfin, ie ne crois pas que mon inclination soit temeraire, puisque ie m'éprouve moy-mesme, depuis longtemps, & qu'au lieu de trouver des difficultez dans les exercices de la Religion, ie m'y sens portée presque naturellement ; & i'espere qu'avec le secours du Ciel, i'auray toûiours plus de plaisir à les pratiquer. Voilà, mon Pere, ajoûta-t-elle, les raisons qui m'obligent à me consacrer à Dieu ; & ie crains que si ie refuse de suivre sa parole, il ne se retire de moy & ne rende mon cœur insensible aux choses divines.

Ce qui pouvoit m'arrêter dans le monde, estoit l'esperance de relever la memoire de Monsieur de Montmorency; mais depuis j'ay trouvé tant d'obstacles à mon dessein, que je n'y pense plus; & je suis persuadée que Dieu se reserve la gloire de faire lui-mesme, ce que j'aurois entrepris.

Le Pere de Lingendes ayant examiné, plusieurs jours, toutes les raisons que nous venons de rapporter, dit à Madame de Montmorency, qu'elle pouvoit suivre son inclination, & qu'il croyoit que c'estoit la volonté de Dieu, qu'elle entrast dans l'Ordre de Sainte Marie. Alors elle commença de ramasser tout l'argent qu'elle pût avoir de ses revenus, pour recompenser ses Gens, qui la servoient depuis plusieurs années ; & quand elle eut fait une grande somme, elle les appella dans sa chambre pour leur dire le dernier Adieu. Comme ils soupçonnoient, depuis quelque temps, le dessein qu'elle avoit de quitter le monde, ils parurent tous les larmes aux yeux, &

avec un abattement dont elle fut touchée. Enfin, se faisant un effort pour le dissimuler, elle les remercia avec beaucoup de tendresse, des services qu'ils lui avoient rendus. *Ie ne doute pas*, continüa-t-elle, *que vous n'ayez pitié de mes douleurs. Vous voyez l'état où m'a mis la mauvaise fortune. Presque tous mes amis m'ont abandonnée, & ie vis depuis longtemps dans des afflictions qui m'accablent. Ie crains que si ie continüe de mener la mesme vie, Dieu n'augmente mes déplaisirs; & il me semble que pour les finir, ie dois prendre la retraite qu'il m'offre pour mon salut. La Providence m'a conduite dans le Convent de Sainte Marie; ç'a esté mon azile pendant les persecutions de mes ennemis, & i'ay resolu d'y estre Religieuse. Il n'est plus temps de songer au monde. Vous voyez par le cours de mes maux, combien i'y suis malheureuse; & mes larmes vous ont touchez plusieurs fois, me voyant chassée des Villes que i'avois protegées, & trahïe des personnes à qui ie faisois part de mes biens. Vous vous souvenez encore de nos voyages, où nous errions dans le Royaume, comme des criminels, traînans les debris de nostre fortune. Ie remercie le Ciel de m'avoir attachée à luy par la voye des peines. Mais avant que de nous separer, ie vous prie de vous souvenir toûiours que vous avez esté compagnons de mes douleurs, afin de vous entretenir dans l'union de la charité. Que j'aye la consolation de sçavoir que vous estes veritablement Chrêtiens ; & sur tout ne courez iamais aprés les biens de la terre. Ie vous en donneray assez pour vous rendre heureux. Appliquez-vous uniquement à vostre salut ; & si quelquefois, parlant de nos malheurs passez, vous songez à moy, demandez à Dieu que ie persevere dans l'état où ie seray engagée.*

Le discours de Madame de Montmorency fut receu de ses Gens avec des torrens de larmes. Ils redoubloiét leurs cris à chaque moment, & se jettoient à ses pieds pour l'arrêter encore quelque temps dans le monde. Elle les quitta le visage noyé de pleurs, & on l'auroit pluftôt prise pour une mere qui embrassoit ses enfans, que pour une Dame qui fe feparoit de fes Domeftiques. Aprés avoir donné à chacun une recompenfe confiderable, elle leur laiffa à tous fa Maifon, pour y eftre tant qu'ils voudroient. Sa Dame-d'Honneur la fuivit au Convent, où elle fut quelque temps pour fe confoler avec elle. Il y eut mefme quelques-unes de fes Filles qui furent Religieufes dans le mefme Ordre, où elle les fit recevoir. Plufieurs de fes Gens demeurerent toute leur vie dans cette maifon, pour avoir la confolation de la voir quelques fois ; & ils renoncerent à tous les avantages qu'ils pouvoient trouver dans les differends employs qu'on leur alloit prefenter.

CHAPITRE XX.

La soumission de Madame de Montmorency aux avis de Madame de Chantal, qui lui differe sa reception, & lui donne des conseils pour disposer chrétiennement de ses biens. Elle meurt à Moulins. La Duchesse fait conduire le Corps à Annecy. La contestation qu'elle eut pour retenir son Cœur.

Quand Madame de Montmorency fut entierement dégagée du monde, elle demanda d'entrer dans le Noviciat, comme Postulante, pour commencer le premier essay de la Religion. Alors elle fit ôter du Chœur les carreaux où elle faisoit ses prieres. Elle se mit à la derniere place; elle pria de ne la plus servir en vaisfelle d'argent, & qu'on la traitaſt comme une ſimple Religieuſe que l'on avoit receuë dans l'Ordre de la Viſitation, comme dans un azile, pour lui donner lieu de faire penitence & de reparer par ſes larmes le temps qu'elle avoit perdu dans les vanitez du monde.

Peu de jours aprés, une fiévre violente la tourmenta toute la nuit; mais à la pointe du jour, elle en fut délivrée, & elle pria la Fille qui la ſervoit, de n'en rien dire, de peur qu'on ne la crûſt trop foible pour obſerver les Régles. Elle continüa tous les exercices du Noviciat, avec beaucoup d'ardeur & d'exactitude, s'abaiſſant avec plaiſir aux moindres fonctions, pour animer ſes compagnes à la pratique de l'humilité. Comme elle vit que la Superieure ne lui donnoit aucun avis pour ſa conduite, elle craignit que le reſpect humain ne l'en empêchaſt, & dans cette penſée elle l'alla voir en particulier, pour la prier d'avoir pitié de ſon ame, & de la mettre dans la voye de la perfection. Elle auroit souhaité d'estre dans cette Maison comme une femme inconnuë, afin que toutes les Religieuses l'eussent avertie de ses deffauts. Elle croyoit en estre pleine, & trouvant du zéle dans tout ce que les autres faisoient, elle ne voyoit de la tiedeur que dans ses actions. Comme cette pensée l'attristoit quelquefois jusqu'à l'accablement, elle dit au Pere de Lingendes qu'elle se croyoit incapable de la vie interieure, & ajoûta qu'il feroit beaucoup, si ses conseils pouvoient seulement contribuër au réglement de ses mœurs. Ce qui obligea ce Pere de dire, peu de temps aprés, à une personne qui admiroit la vie de cette Princesse, qu'elle avoit atteint la perfection de l'humilité, puisque cette vertu non seulement échapoit à ses yeux, mais qu'elle lui cachoit aussi toutes les autres qu'elle possedoit.

Estant persuadée que la sainteté ne se conserve ordinairement que dans le silence, elle fuyoit le Parloir comme le plus dangereux endroit d'une Maison Religieuse. Elle disoit qu'ayant quitté le monde, on n'y devoit retenir aucun commerce ; que ces entretiens estoient toûjours remplis de choses vaines & souvent criminelles, qui corrompoient le cœur & faisoient perdre, en peu de momens, la vertu qu'on avoit acquise en plusieurs années. Elle disoit aussi que dans ces lieux on excitoit, par des discours humains, les mesmes passions que l'on voit dans les gens du siecle : Et un jour, comme elle s'entretenoit là-dessus, avec quelques Religieuses, elle leur dit avoir appris autrefois d'une Dame Chrétienne, que quelque vertu qu'eust une Fille, elle ne revenoit presque jamais du Parloir, comme elle y estoit allée. Une de celles qui l'écoûtoient, lui demanda si la conversation avec les parens pouvoit causer quelque desordre dans l'ame, *Ie ne doute pas*, répondit la Princesse, *qu'il n'y ait des parens Chrêtiens, qui ne visitent leurs Filles que pour les affermir dans la sainteté ; mais on en voit peu. Vous sçavez,* ajoûta-t-elle, *que pour parler de Dieu, il en faut eſtre remply ; & le moyen que des perſonnes qui ne reſpirent ordinairement que le plaiſir, & dont la magnificence des habits marque le luxe & la vanité, puiſſent faire de ſemblables diſcours, à quoy ils ne ſongent preſque jamais.*

Quand elle ſe fut diſposée à prendre le Voile, elle ſouhaita que ce fuſt en preſence de Madame de Chantal. Ce qui l'obligea d'écrire de nouveau à l'Evêque de Geneve, pour obtenir la permiſſion de la faire venir à Moulins. Ce Prélat, aprés l'avoir d'abord refusée, l'accorda quelque temps aprés, s'y ſentant porté de lui-meſme (comme il a dit depuis) par un mouvement dont il ne pouvoit connoiſtre la cauſe. Mais ce fut à condition que Madame de Montmorency la rendroit vive ou morte, au Convent d'Annecy. La Princeſſe y conſentit, & envoya querir cette ſainte Religieuſe, qui arriva à Moulins le neufiéme d'Aouſt de l'année mil ſix cens quarante-un. Elle fut ſurpriſe de trouver

ver Madame de Montmorency dans les fonctions d'une simple Novice, & dans un si entier détachement de sa volonté & une si parfaite soumission à celle de la Superieure qu'elle ne faisoit rien que par obéïssance.

Il y avoit longtemps qu'elle pensoit à fonder dans Touloufe un Convent de Sainte Marie, & à laisser un fond considerable pour y entretenir les Filles de ceux qui avoient contribué à la mort de Monsieur de Montmorency, en cas qu'elles voulussent quitter le monde. Mais comme elle trouva Madame de Chantal opposée à son dessein, elle renvoya avec des presens considerables, le Prestre qu'elle avoit fait venir pour l'executer. Cette sainte Religieuse lui dit qu'il valloit mieux aider par ses aumônes les Maisons déja commencées, que d'en établir de nouvelles : Et lui parlant sur la disposition de ses biens, elle lui dit de rendre aux Ducs de Bracciano & de Sangeminj, ses Freres, la dot qu'elle avoit receuë de sa Maison ; que Dieu ne vouloit pas qu'on l'enrichift du patrimoine de ſes parens, & qu'il eſtoit beaucoup plus conforme à l'ordre de la charité & au ſentiment de pluſieurs ſaints Evéques, de ſecourir ſa famille, que d'augmenter les biens de l'Egliſe, dont la Diſcipline ſe conſerve plus dans la pauvreté que dans l'abondance. Elle la pria auſſi de ne pas rendre par ſes liberalitez le Monaſtere de Moulins trop riche, par cequ'elle avoit remarqué que les grandes richeſſes eſtoient quelques fois ſuivies d'un grand relâchement dans la vertu, & que la mediocrité de bien ſuffiſoit pour des Filles qui avoient renoncé aux pompes du monde, & qui ne cherchoient que la perfection de la vie Chrétienne.

Quelques jours aprés, comme cette Princeſſe demanda l'Habit, Madame de Chantal lui répondit qu'il eſtoit plus à propos d'achever ſes affaires auparavant, afin qu'elle n'euſt plus aucun ſoin temporel qui la pûſt diſtraire des exercices de pieté. Elle avoit tant de pouvoir ſur ſon eſprit, qu'elle n'y trouvoit jamais aucune resistance ; & le jour de S. Barthelemy (qui estoit celui que Monsieur de Montmorency prit congé d'elle) Madame de Chantal la voyant touchée de ce funeste souvenir, lui dit en particulier, qu'elle n'estoit plus en état de pleurer les creatures, & que ses larmes, quelques justes qu'elles fussent, marquoient encore en elle un attachement naturel, qu'il falloit vaincre. Ces paroles appaiserent ses pleurs pour quelques momens ; & elle resolut en elle-mesme de se défaire de toutes les choses dont la veuë renouvelloit ses déplaisirs.

En effet, elle s'enferma dans sa chambre, & aprés avoir tiré d'une cassette le Portrait de Monsieur de Montmorency, enchâssé sous une table de diamant, elle le considera avec une abondance de larmes, & demeura quelque temps immobile. La pensée de se priver pour toûjours de la peinture du seul Homme dont le souvenir lui estoit cher, la jettoit dans une extrême affliction. Enfin, le regardant & le couvrant de pleurs pour la derniere fois, elle s'en défit & confacra le diamant, que l'on voit encore attaché à la Croix du Soleil où l'on expofe le Corps de Jefus-Chrift. Elle n'avoit jamais quitté ce Portrait. Pendant qu'elle eftoit dans le monde, fon unique plaifir & fa contenance ordinaire eftoit de le regarder & de le faire voir aux autres; & cependant elle y renonça, pour n'avoir aucun objet qui lui pûft donner la moindre confolation. Ce qui fit dire à Madame de Chantal, qui admiroit l'élevation d'ame de cette Princeffe, qu'il ne falloit pas qu'aucune creature fe mêlat de la diriger, que Dieu la conduifoit vifiblement par lui-mefme, & qu'on ne devoit pas craindre qu'elle s'éloignaft jamais de fa volonté.

En ce temps-là cette Religieufe fit un voyage à Paris, où elle fut environ deux mois, pour les affaires de fon Ordre. Enfuite elle retourna à Moulins, le quatriéme Decembre de la mefme année mil fix cens quarante-un; & dit à Madame de Montmorency, qu'à sa consideration elle avoit quitté tout autre soin que celui du Noviciat. Cette Princesse qui y devoit bien-tôt entrer, se faisoit un bonheur d'estre sous la conduite d'une personne si éclairée : Mais Dieu, dont la sagesse est impenetrable, empêcha leur dessein par une violente siévre, dont Madame de Chantal fut arrêtée le lendemain de son retour. Le mal qui devenoit toûjours plus grand, fit d'abord craindre le malheur qu'on tâchoit d'éloigner par les remedes. Madame de Montmorency la servit jusqu'à son dernier moment.

Quelques jours avant sa mort, elle dicta une Lettre pour tout l'Institut de la Visitation; & aprés avoir donné les conseils qu'elle crût necessaires pour l'avancement spirituel de toutes les Filles qui y estoient engagées, elle conjura celles qui l'écoûtoient, d'avoir toûjours une entiere confiance à la Princesse, non seulement à cause des aumônes qu'elle avoit faites à leur Maison, mais en consideration de sa vertu, & de la regarder comme un exemple d'humilité & d'une soumission veritablement Chrétienne aux ordres de la Providence. Et le matin du jour qu'elle mourut, après l'avoir fait approcher de son lit, elle lui parla de la sorte.

Vous voyez, Madame, que Dieu ne suit pas nos inclinations, & qu'il nous separe au milieu de nos desseins. Soumettons-nous à sa volonté, & adorons la Sagesse éternelle, qui dispose de nos vies par des secrets qui nous sont inconnus. L'état où je suis ne m'empêchera pas de vous dire en peu de mots, ce que je crois necessaire pour vostre perfection. Il me semble que vous refléchissez trop sur vous-mesme: Que vous n'estes jamais contente de ce que vous faites; & que vous examinez toûjours vostre intention, pour voir si elle est aussi pure que Dieu la demande. Ces réflections continuëlles sont des artifices du Demon, qui nous veut dégoûter de la vertu par la peine qu'il tâche de nous y faire trouver; & peut-

estre mesme y a-t-il un peu d'amour propre qui nous persuade que nous pouvons atteindre à la plus haute perfection. Il suffit de ne negliger aucune régle de l'Ordre où vous allez entrer, & d'agir dans la simplicité des enfans de Dieu. Rapportez-lui toutes vos actions, sans les trop examiner; & souvenez-vous que la vie la plus sainte est toûjours remplie de deffauts. C'est cette pensée, Madame, qui vous doit tenir dans l'aneantissement, puisque toute la sainteté des creatures n'est rien devant Dieu. Ie renouvelle le conseil que je vous ay donné de finir vos affaires avant que de vous engager à la Religion. Ne mêlez point les soins du monde avec l'application que vous devez avoir à vostre salut. Et quand vous serez preste à prendre l'Habit, ne soyez que cinq ou six jours en retraite, aprés quoy confiez-vous à la Misericorde, & embrassez, sans une plus grande préparation, la vie que vous souhaitez. Ie ne puis vous trop persuader la prudence que vous devez avoir dans la disposition de vos biens. I'approuve toutes les aumônes que vous avez faites; mais Madame, comme vous m'avez témoigné vostre dessein d'assister ce Convent, je vous prie que vos liberalitez soient moderées: Gardez-vous d'enrichir les Maisons Religieuses, la vertu & les richesses se trouvent rarement ensemble, & il est bien difficile de conserver avec elles la ferveur de la charité. J'oubliois à vous dire qu'estant aussi infirme que vous l'estes, vous devez suivre, pour vostre personne, les avis de la Superieure. Ie crois qu'il vous faut de petites commoditez que les autres Religieuses n'ont point. Ie ne doute pas que vous n'eussiez du plaisir à vivre aussi austerement qu'elles: mais considerez que peut-estre vous les édifierez trop, & que le Demon vous pourroit tenter de vaine gloire, par la veneration qu'elles auroient pour vostre vertu. Ainsi, Madame, souffrez avec patience qu'on vous donne des commoditez particulieres. Vous en paroistrez moins sainte aux yeux des creatures, mais vostre soumission & vostre obeïssance vous rendront plus grande devant Dieu.

Quand elle eut achevé de parler, elle pria la Princesse d'arrêter ses larmes, par la conformité qu'elle devoit avoir à la Providence : Et un moment aprés, sentant diminuër ses forces, *Adieu, Madame*, lui dit-elle, *il nous faut separer. Souvenez-vous quelquefois de moy.*

Madame de Montmorency se retira avec une si violente affliction, qu'on craignist qu'elle ne mourust. Neantmoins, dés que Madame de Chantal fut expirée, elle retourna dans sa chambre pour lui baiser les pieds, qu'elle couvrit de pleurs ; & comme elle se souvint de la parole qu'elle avoit donnée à l'Evéque de Geneve, de rendre cette sainte Religieuse vive ou morte, elle fit embaumer son Corps, pour le lui renvoyer : Mais elle ne pût s'y resoudre sans en retenir le Cœur & les Yeux, sur l'asseurance qu'on lui donna de les tirer sans qu'on desfigurast le visage. Ensuite elle le fit conduire à Annecy, & envoya à mesme temps dix mille livres au Convent de la Visitation, pour orner la Chappelle de Sainte Luce, où ce Corps devoit reposer. Elle retint auprés d'elle la Religieuſe qui l'avoit accompagnée, qui depuis a eſté pluſieurs années Superieure du Convent de Moulins, & qui a donné toute ſa vie des exemples de mortification & de penitence.

C'eſtoit la Sœur Jeanne-Thereze Picoreau

Alors Madame de Montmorency commença de faire reflexion aux avis de Madame de Chantal, qu'elle écrivit pour les obſerver plus exactement. En effet, elle s'abandonna entierement à la volonté divine, & receut toutes les commoditez qu'on lui preſenta. Elle ſuivit, dans la diſtribution de ſes biens, le conſeil de cette ſainte Religieuſe, qui eſtoit de rendre aux Ducs de Bracciano & de Sangeminj ſes Freres, la dot qu'elle avoit tirée de ſa Maiſon; & elle diſpoſa du reſte en faveur des pauvres & des Monaſteres de ſon Ordre, ſans les enrichir, mais leur donnant ſeulement la mediocrité neceſſaire pour s'entretenir dans le ſervice de Dieu. Elle fit un Oratoire de la chambre de Madame de Chantal, dreſſant un Autel auprés du lit où elle eſtoit morte. Cette Princesse a continüé, pendant plusieurs années, à faire ses devotions dans cet Oratoire, & elle baisoit avec respect le lit *où elle avoit vû*, disoit-elle, *comme meurent les Saints.* Elle conservoit aussi une singuliere veneration pour son Cœur, qu'elle avoit fait enchâsser dans un grand Reliquaire d'argent, soûtenu par des Anges. Mais dans le temps qu'elle s'attachoit le plus à l'honorer, un autre Convent de l'Ordre faisoit tout ce qu'il pouvoit pour l'avoir. Les Religieuses disoient que Madame de Chantal le leur avoit promis elle-mesme, comme elles l'écrivirent à l'Evêque de Geneve, & à la Superieure de la Visitation d'Annecy. Elles firent aussi parler à celle du Convent de Moulins, par un Homme de qualité, qui lui protesta que si elle refusoit ce Cœur, on interposeroit l'autorité du Cardinal de Richelieu, pour l'obliger à le rendre. Quoyque Madame de Montmorency fust touchée de ces poursuites, au lieu de s'en étonner, elle eut recours à l'Evêque de Geneve, & à l'Evêque d'Autun, qui prononcerent tous deux en sa faveur ; & le dernier qui se sentoit interessé à garder dans son Diocese une si precieuse Relique, lui écrivit avec un zéle plein de feu, ces mesmes paroles.

Mr de Ragny.

L'interest que je prens à la conservation du Cœur de Madame de Chantal, dans vostre Maison, m'oblige de vous asseurer qu'à moins d'un Ordre du Roy, j'iray avec tous mes amis perir à vostre porte, avant que de souffrir qu'on l'enleve ; & c'est un gage qui merite bien une bataille pour le conserver.

Enfin ces Religieuses voyant tous leurs efforts inutiles, cesserent leurs poursuites, sans plus inquieter la Princesse en la possession d'un Cœur où elle avoit eu tant de part, & qu'elle continüa d'honorer toute sa vie.

CHAPITRE XXI.

Madame de Montmorency acheve en faveur des Chanoines de Lodeve, une Châsse d'argent, que le Duc avoit fait commencer. Elle apprend la mort de Marie de Medicis, & ensuite celle du Roy Loüis XIII. Plusieurs marques d'estime qu'elle reçoit de leurs Majestez & de son Altesse Royale.

Quand Madame de Montmorency envoya à Annecy le Corps de Madame de Chantal, elle pria ceux qui le conduisirent, de lui amener une pauvre Fille, dont on lui avoit dit la misere, qui demeuroit dans un Hameau prochain, qu'elle leur nomma. Quand elle la vit, elle la trouva autant dépourvûë des graces naturelles que des avantages de la fortune. Elle eſtoit laide, malfaite, toûjours triſte & toûjours malade, l'air deſagreable, la parole rude & l'eſprit bas & chagrin. Le motif qu'elle avoit eu de la demander, eſtoit de la tenir auprés d'elle pour ſe mortifier continüellement, en ſouffrant ſes deffauts. En effet, elle la gardoit preſque toûjours dans ſa chambre, & elle avoit un plaiſir ſingulier quand elle lui parloit avec aigreur, ou qu'elle lui diſoit quelque choſe de rebutant ; de peur que ſa charité ne paruſt, elle affectoit d'apprendre une ſorte d'ouvrage que faiſoit cette Fille, afin de perſuader aux Religieuſes qu'elle demeuroit en ſa compagnie par neceſſité. Cette Princeſſe la tint quelques années dans le Convent de Moulins, comme Penſionnaire, & lui témoigna toûjours beaucoup d'amitié ; & quand elle eſtoit arrêtée dans le lit par ſes maladies, elle la conſoloit & l'encourageoit à les ſouffrir patiemment. Enfin pour contenter le deſir qu'elle avoit d'eſtre Religieuſe dans l'Ordre de la Viſitation, elle donna une ſomme conſiderable pour la faire recevoir dans la Maiſon d'Annecy, où elle vêcut preſque toûjours dans les maux, qu'elle ſupporta avec beaucoup de patience.

Ce fut environ dans le meſme temps que cette Princeſſe aſſiſta à la mort une de ſes Filles, qui l'avoit ſervie dans le monde, & qui l'avoit voulu ſuivre dans la Religion. Elle fut toûjours dans ſa Chambre, & nonobſtant l'infection dont elle eſtoit pleine, elle ne la quitta qu'au dernier moment de ſa vie. Son eſprit toûjours élevé à Dieu, mettoit toute ſon application à lui plaire par des œuvres de mortification & de penitence. Elle en faiſoit quelquefois de publiques, & malgré l'oppoſition qu'elle avoit à découvrir ſa vertu, on l'a veüe en preſence de toutes les Religieuſes, demander pardon à Dieu avec des paroles ſi touchantes qu'elles leur tiroient les larmes des yeux.

Elle voulut avoir des Lettres d'af-

filiation des Generaux de trois Ordres fameux, afin de participer aux bonnes œuvres que ces Religieux faisoient dans toute la terre. Elle acheva aussi un dessein que Monsieur de Montmorency avoit commencé en faveur des Chanoines de la Cathedrale de Lodeve. Comme il passoit dans leur Ville, il apprit que les Huguenots, entre plusieurs marques de cruauté qu'ils avoient laissées dans leur Eglise, en avoient enlevé la Châsse d'argent où estoient les Os de S. Fulcran leur Patron. Il commanda qu'on en fist une autre, & donna par avance tout l'argent qu'il avoit sur lui. Quelques mois aprés, sa mort estant arrivée, & les Chanoines ayant sçû les aumônes que faisoit Madame de Montmorency, s'adresserent à elle, avec une Lettre de l'Evêque d'Autun, pour lui demander si elle vouloit accomplir le dessein qu'avoit eu son Mary. Cette Princesse qui regardoit les occasions de faire du bien, comme des graces, accepta d'abord la proposition, &
acheva

Ces trois Ordres estoient, des Jesuites, des Carmes, des Chartreux.

la D. de Montmorency.

acheva avec plaisir ce que le Duc avoit commencé.

Dans ce temps elle apprit que la Reine Marie de Medicis estoit sortie du Royaume. Comme elle n'ignoroit pas ce qui traversoit, depuis plusieurs années, la vie de cette Princesse, & qu'elle sceut qu'elle estoit en Angleterre dans quelque besoin, elle lui fit offrir tout l'argent qui lui restoit, & la supplia de le prendre, en attendant quelque heureux changement dans sa fortune. Et en l'année mil six cens quarante, elle l'envoya visiter à Londres, pour lui témoigner la part qu'elle prenoit à ses déplaisirs. La Reine receut la Lettre avec beaucoup de consolation, & pria la personne qui la lui rendoit, de l'asseurer qu'elle estimoit beaucoup son amitié, & que ses paroles lui donnoient tout le soulagement qu'elle pouvoit sentir. Sa Majesté lui réitera le mesme honneur dans celle qu'elle lui écrivit par le Pere Sufren, ajoûtant *Qu'elle loüoit le Ciel d'apprendre la vie Chrétienne qu'elle menoit dans* l'oubly du monde & dans l'entiere soumission à la volonté de Dieu.

Elle eut une joye extrême de sçavoir la fermeté avec laquelle cette Reine souffroit ses malheurs, & avec quelle vertu elle adoucissoit sa mauvaise fortune ; & promit de demander au Ciel, qu'il la soûtinst toûjours dans le mépris des choses humaines. Peu de temps aprés, elle sceut qu'elle estoit allée à Cologne ; & dans la suite apprenant sa mort avec beaucoup de douleur, elle ordonna quantité de Messes & un Service magnifique dans l'Eglise du Convent où elle estoit, afin de rendre à la memoire de sa Majesté tout l'honneur qui lui estoit possible. Comme on sçavoit qu'elle estoit sa proche parente, plusieurs personnes de qualité l'allerent voir pour lui témoigner leur affliction ; mais quelque chose qu'on lui dist du détail de la vie & des maux de cette Princesse, elle tourna le discours sur la pieté, & se contenta de répondre que cette Reine avoit vû avant sa mort, la fin des vanitez du monde, & que par là Dieu lui avoit donné le moyen de porter ses desirs & ses esperances aux biens de l'éternité: *Et la consolation*, ajoûta-t-elle, *qui reste à ceux qui l'ont aimée, est de sçavoir qu'elle a profité de ses malheurs.*

L'affliction qu'eut Madame de Montmorency de la mort de la Reine, augmenta ses maladies, qui ne la quitterent presque plus. Elle les supportoit avec beaucoup de patience, & répondoit ordinairement à ceux qui lui apprenoient de nouveaux remedes, *Que Dieu & les Medecins auroient soin de sa guerison, & que son application devoit estre à souffrir chrétiennement ses maux.* Cependant elle estoit fâchée de se voir toûjours éloignée du dessein qu'elle avoit de prendre l'Habit de la Religion; mais le Pere de Lingendes la consoloit par l'esperance de le pouvoir un jour accomplir, ajoûtant qu'il lui seroit inutile de s'engager dans une Régle qu'elle ne pourroit observer.

En ce temps le Roy Loüis XIII.

qui alloit faire un voyage dans le Languedoc, passa à Moulins. Aussitôt qu'il y fut arrivé, il l'envoya visiter. Elle pria la mesme personne, de témoigner à sa Majesté, *l'étonnement où elle estoit qu'il conservast encore le souvenir d'une femme aussi malheureuse qu'elle, & aussi indigne de l'honneur qu'il lui faisoit.* Et comme elle lui avoit toûjours parlé le visage couvert de larmes, *Monsieur*, reprit-elle, *quand vous direz au Roy ce que je vous prie de lui dire, n'oubliez pas, s'il vous plaist, de lui parler de ce que vous voyez.* Et après ces paroles, elle se couvrit les yeux d'un mouchoir, & se retira.

Le lendemain le Cardinal de Richelieu lui envoya faire un compliment. *Monsieur*, répondit-elle, *témoignez à vostre Maistre, que je lui suis obligée de l'honneur qu'il me fait ; mais dites-lui aussi que mes pleurs durent encore.*

Comme les Religieuses l'entretenoient de l'estime que toute la Cour avoit pour elle, *Je prie le Ciel*, répondit cette Princesse, *que le monde m'oublie autant que je l'ay oublié.* Quelque temps aprés, le Cardinal de Richelieu estant mort, on le lui écrivit, & elle estoit en conversation avec les Religieuses, quand la Lettre lui fut renduë. Aprés en avoir lû quelques lignes & avoir trouvé cette nouvelle, elle n'en lût pas d'avantage : & de peur que le ressentiment naturel ne surprist dans son cœur quelque premier mouvement de complaisance, si elle disoit aux Religieuses une mort qui ne lui devoit pas estre desagreable, elle la leur cacha par une delicatesse de vertu Chrêtienne, & se contenta de l'apprendre à la Superieure, ajoûtant qu'elle vouloit ordonner un Service solemnel dans l'Eglise du Convent : mais ensuite elle apprehenda qu'on ne crût qu'elle le faisoit par ostentation. Ce qui l'obligea de changer de dessein, & de donner une somme considerable pour des Messes basses. Quelque chose qu'on lui dist sur cette mort, elle ne répondit jamais rien qui marquast la moindre aigreur, au contraire ayant loüé le grand merite du Cardinal, elle dit, *Que tout estoit finy pour lui dans ce monde, qu'il falloit offrir des prieres pour le soulagement de son ame; & peut estre*, ajoûta-t-elle, *c'est à quoy le monde pense le moins.*

Peu de temps aprés, Louis XIII. tomba dans la maladie dont il mourut. Madame de Montmorency aprit cette nouvelle avec une extrême affliction. Elle fit faire quantité de Prieres publiques, & témoigna sa douleur à la Reine par les paroles suivantes.

MADAME,

Puisque vostre Majesté a eu la bonté de plaindre mes malheurs, j'espere qu'elle aura encore celle de voir icy l'asseurance que je lui donne, qu'en quelque état que m'ait reduit la fortune, j'ay toûjours conservé pour V. M. des sentimens de respect, qui m'obligent, dans l'occasion de sa grande perte, de lui rendre ce devoir. Mais connoissant combien il contribuë peu à sa consolation, je l'accompagne de vœux trés-ardans vers le Ciel, afin qu'il donne à V. M. toute celle qui lui est necessaire, & qu'il la fasse regner aussi heureusement sur le cœur des peuples, que sa vertu le merite. Ces souhaits sont si justes & si generalement faits, que le témoignage que je rends des miens, pourra sembler inutile : Mais comme je le crois plus sincere & moins interessé que celui de beaucoup d'autres, je n'ay pû me refuser le plaisir de l'écrire à V. M. lui protestant que je seray toute ma vie, avec un respect profond,

MADAME,

De V. M.

La trés-humble, trés-obéïssante, &
trés-fidelle sujette & servante,

DES URSINS MONTMORENCY.

La Reine répondit d'une maniere fort tendre, & aprés lui avoir promis sa protection, elle la pria de se souvenir d'elle dans ses prieres, & de lui obtenir de Dieu la force de supporter chrétiennement son malheur. La Duchesse receut ces marques d'estime avec tout le ressentiment possible ; & quoyqu'elle eust de la repugnance à faire nommer son nom à la Cour, elle ne laissa pas de se servir de l'offre que lui faisoit sa Majesté, pour lui demander quelques graces dans les occasions où il falloit témoigner de la charité pour le prochain, ou soûtenir la gloire de

la D. de Montmorency.

Dieu. Elle eut aussi recours à Monsieur le Duc d'Orleans, pour soulager de subsides la Ville de Moulins, & la faire exemter de Soldats. Son Altesse Royale recevoit ses recommandations avec joye, & non seulement il lui accordoit ses demandes, mais il les prévenoit souvent, comme nous voyons par la Lettre suivante.

Dans le souvenir que j'ay eu de la recommandation que vous m'aviez faite les années precedentes, en faveur de la Ville de Moulins, je l'ay faite exemter en celle-cy du logement des Troupes, avant que la Lettre que vous m'avez écrite pour cet effet, m'ait esté renduë. Ie vous prie, ma Cousine, de croire que je fais une estime particuliere de vostre personne & de vostre vertu, & que je ne souhaite rien si passionnément que de vous donner des preuves de mon affection pour tout ce qui vous touche.

Ces témoignages d'honneur persuadent la veneration que toute la

Cour avoit pour elle. Aussi, comme un Président au Parlement recommandoit un iour, à la Reine, une affaire qui la regardoit, sa Maiesté lui répondit en ces propres termes, *Pourquoy ne m'en écrit-elle pas ? Est-ce qu'elle doute de mon amitié ? Mandez-lui que j'employeray tout mon pouvoir pour la satisfaire ; & que je crois devoir à sa vertu, ce qu'elle peut attendre de moy pour ses interests.* Et cette Princesse ayant receu une Lettre d'elle, aprés les troubles de Paris, elle se sentit le cœur si touché de ce qu'elle lui écrivoit, que sa Maiesté ne pût s'empêcher de dire ces mesmes paroles, *Ma cousine de Montmorency s'est élevée par sa vertu au dessus du monde : Nous avons tous besoin d'elle, & elle n'a besoin de personne.*

CHAPITRE XXII.

La Duchesse fait transporter à Moulins le Corps de son Mary; & elle donne des Ornemens d'Autel à plusieurs Paroisses de la campagne.

LA plus forte passion qu'avoit eu Madame de Montmorency, aprés la mort de son Mary, estoit de lui élever un Tombeau pour conserver sa memoire, & cette passion lui avoit continüé plusieurs années; mais comme elle avoit en quelque maniere diminüé l'excez de sa douleur, par les conseils de Madame de Chantal & du Pere de Lingendes, elle avoit entierement sacrifié à Dieu ce desir, abandonnant à la Providence la gloire de ce grand Homme.

Cependant le Ciel qui avoit agréé le sacrifice de cette Princesse, ne voulut pas la priver de la seule consolation qu'elle pouvoit avoir dans le monde, & il lui redonna la mesme pensée : mais de peur qu'elle ne fust encore quelque reste de vanité ou d'inclination humaine, elle en parla au Pere de Lingendes, qui persuadé de la pureté de ses intentions, & voyant l'état de ses biens, joint aux occasions favorables que Dieu lui fit naistre alors pour executer son dessein, lui dit de le poursuivre & d'en attendre un heureux succez.

Dés ce moment elle songea à faire transporter le Corps de Monsieur de Montmorency, de Toulouse à Moulins, aprés en avoir obtenu la permission de la Reine : Et comme Monsieur le Prince son beaufrere, s'y opposoit fortement, elle lui envoya cette permission pour l'engager à consentir. Ce qu'il fit. Ensuite elle demanda l'agrément de ses deux belle-sœurs, Madame la Princesse & Madame la Doüairiere de Ventadour, qui promirent avec Monsieur le Prince, de ne jamais faire enlever de Moulins, le Corps de leur Frere, comme elle craignoit qu'on ne le fît aprés sa mort.

Alors elle donna ordre au voyage de Touloufe, & choifit le Sieur de Maurreins, qui eftoit fon Efcuyer depuis un grand nombre d'années, pour le charger de la commiſſion. Dans ce temps le Sieur de Soudeilles qui fe trouva à Moulins, offrit à la Ducheffe fon carroffe & fa perfonne, & elle accepta volontiers l'un & l'autre. Ce Gentilhomme eftimé de tout le monde, & dont la memoire & la vertu font honorées dans le Limofin, en la perfonne d'un Fils qui foûtient dignement fon merite, eftoit favory du Duc de Montmorency. Il s'attacha à lui, & jamais à fa grandeur : Auffi aprés fa mort, il refufa tous les avantages que le Cardinal de Richelieu lui offrit pour l'attirer à fon fervice ; & confervant toûjours une égale amitié pour le Maître qu'il avoit perdu, il aima mieux quitter la Cour, que d'y en avoir un autre. Il se sentit obligé de l'honneur que lui faisoit Madame de Montmorency, & partit avec le Sieur de Maurreins, à la fin de l'année mil six cens quarante-quatre, accompagnez de quantité de gens tous en habit de deüil, avec un train magnifique, qui marquoit l'amour & la generosité de cette Princesse.

Quand ils furent arrivez à Toulouse, on trouva des obstacles invincibles du côté des Chanoines de S. Sernin, qui refuserent de rendre le Corps du Duc, parcequ'il y avoit treize ans qu'ils en estoient en possession. Comme le Sieur de Soudeilles vit que l'Archevêque approuvoit leur refus, il resolut de retourner en poste à Moulins, pour avertir Madame de Montmorency de ce qui se passoit à Toulouse. Aprés avoir pensé aux mesures qu'elle avoit à prendre, elle crût que le moyen le plus seur, estoit d'avoir recours à la Reine pour obtenir du Roy une Lettre de cachet, que sa Majesté lui accorda avec fes marques ordinaires d'amitié.

Pendant qu'elle attendoit la Lettre, Monfieur le Prince qui appuyoit le refus des Chanoines de S. Sernin, par les mefmes raifons qu'il avoit dites lors qu'on lui demanda fon confentement, arrêta encore l'affaire jufqu'en l'année mil fix cens quarante-cinq. Madame de Montmorency en attendit tranquilement le fuccez; & quelque ardeur qu'elle euft pour avoir le Corps de fon Mary, on ne lui remarqua aucun chagrin pendant les cinq mois que durerent ces conteftations. Enfin fon Alteffe s'eftant relâchée de fes fentimens, & la Lettre de cachet ayant efté donnée à l'Archevêque de Touloufe & aux Chanoines, ils furent obligez de remettre ce Corps au Sieur de Maurreins, aprés avoir ouvert le cercüeil de plomb, pour lui faire voir que rien n'y manquoit. On partit le lendemain de Touloufe; & comme la Reine avoit fait prier Madame de Montmorency, que le tranfport fe fist sans pompe, le Sieur de Maurreins eut ordre de s'éloigner des grandes Villes, sur tout de celles du Languedoc, pour éviter les honneurs funebres qu'elles auroient voulu rendre à la memoire de leur Gouverneur, dont elles pleuroient encore la perte : Et le tout fut si fidellement executé, qu'on n'arrêta que dans des Villages ou des Bourgs, sans recevoir aucun honneur public qu'en Limosin, dans les terres du Sieur de Soudeilles, qui, malgré la resistance des Officiers de la Duchesse, voulut faire un Service solemnel, où assista toute la Noblesse des environs. Aprés on continüa la route ; & quand on fut prés de Moulins, Madame de Montmorency obéit si exactement à la volonté de leurs Majestez, qu'elle ne fit entrer le Convoy qu'à dix heures du soir, sans permettre qu'aucun Ecclesiastique ny aucun Officier de la Ville fust au devant pour le recevoir, & elle souffrit avec peine que les Chanoines de Nostre-Dame l'attendissent dans le Parvis de l'Eglise de Sainte Marie. Elle estoit tenduë de velous noir, depuis la voûte jusqu'à terre, & toute couverte d'Ecussons. Le Corps fut porté sur une estrade, dans une Chappelle ardante, éclairée d'un nombre presque infiny de lumieres ; & les Religieuses estoient devant la grille ouverte, chacune avec un cierge à la main.

Madame de Montmorency estoit presente à cette pompe funebre. Le lugubre appareil, les Autels revêtus de deuil, les pleurs de ses Officiers, la consternation dépeinte sur tous les visages, tant de tristes objets renouvelloient sa douleur ; & malgré la violence qu'elle se faisoit pour la cacher, on voyoit de temps en temps sortir de ses yeux des torrens de larmes. Cependant elle assista à toute la ceremonie, & le lendemain elle ordonna des Services solemnels & un grand nombre de Messes, dans toutes les Eglises de la Ville. Celle de Sainte Marie fut pleine de chants & de prieres funebres, pendant un mois, où assisterent le Presidial & les

Tresoriers de France, qui firent faire des Services magnifiques, à leur tour, pour témoigner à la Duchesse la veneration qu'ils avoient pour la memoire de ce grand Homme.

Elle fonda à perpetuité des Prieres pour lui, dans l'Eglise de son Convent, où elle lui vouloit ériger un Mauzolée. Mais elle n'osa rien entreprendre, sans avoir encore communiqué son dessein au Pere Harel Minime, à qui elle dit qu'avant que de le commencer, elle avoit destiné une grande partie de son bien pour bâtir l'Eglise de Sainte Marie. Ce Religieux, aprés avoir loüé sa charité, la porta, autant qu'il pût, à poursuivre son entreprise, & lui dit les paroles de David, qui proteste *de ne pouvoir reposer dans des Pavillons magnifiques, tant qu'il verra l'Arche de Dieu sous des tentes.* En effet, l'Eglise de Sainte Marie estoit si pauvre, qu'elle pouvoit en quelque façon, y estre comparée ; & elle estoit tournée de maniere qu'on fut obligé de prendre une nouvelle place pour l'agrandir.

On parle de celle de Moulins.

Ce dessein diminüa dans l'esprit des gens du monde, l'estime qu'ils avoient euë jusqu'alors pour la vertu de la Princesse. Ils crûrent qu'elle ne trouvoit pas cette Eglise assez belle pour y ériger le Mauzolée de Monsieur de Montmorency, & qu'elle en vouloit faire bâtir une autre par vanité; & tout ce qu'ils pouvoient dire à son avantage, estoit de la loüer de generosité, comme une personne extraordinaire. Ce bruit alla jusqu'à elle, & sans rien dire pour justifier son intention dans le bâtiment qu'elle devoit entreprendre, elle souffrit ces discours avec humilité, ne voulant pas mesme desabuser des personnes pieuses qui donnoient dans le sentiment commun. En attendant qu'elle pust commencer l'Eglise, elle fit beaucoup de reparations considerables au dedans du Convent, pour la commodité des Religieuses; & la mesme année elle travailla à de riches Ornemens d'Autel, pour celebrer la Canonisation de S. François de Sales. Elle fit faire une Chappelle d'argent cizelé, & un Soleil d'un ouvrage admirable, pour expofer le S. Sacrement, où elle fit enchâffer tout le refte de fes pierreries. Elle donna à plufieurs pauvres Paroiffes de la campagne, des Ciboires & des Calices d'argent, au lieu de ceux d'étain qu'il y avoit. Elle fe plaignoit quelquefois aux Prélats qui l'alloient voir, de fouffrir tant de mifere dans les Eglifes de quelquesVillages de leur Diocefe : Et un jour, comme elle s'entretenoit là-deffus avec un Religieux, elle dit d'une Dame, fans la nommer, qui avoit toûjours des habits magnifiques, & qui alloit quelquefois prendre l'air dans une de fes Terres, qu'elle ne pouvoit comprendre comment eftant dans l'Eglife de fa Paroiffe, *Elle avoit la force de tirer fon mouchoir devant un Autel couvert d'une nappe fi fale qu'elle ne voudroit pas la toucher.*

CHAPITRE XXIII.

La Duchesse apprend la mort de Monsieur le Prince, & celle du Roy d'Angleterre. Elle reçoit une visite de la Reine; & commence le bâtiment de l'Eglise de Sainte Marie.

Anne d'Aûtriche.

MAdame de Montmorency ne s'attachoit pas seulement à orner les Temples du Seigneur, mais elle s'appliquoit aussi à remplir son cœur des vertus Chrétiennes, par la lecture continuëlle des Livres de pieté. Elle abregea pour elle & pour une Religieuse, deux Tomes de Meditations, dont Madame de Longueville, qui estoit alors au Convent de Sainte Marie, prit une copie de sa main: Et ce fut dans cet abregé que cette Princesse commença de connoître les fondemens des veritez éternelles.

La mort de Monsieur le Prince estant arrivée quelque temps aprés, elle écrivit à Madame la Princesse pour la consoler; & fit faire des prieres pour lui, où il y eut quelque dispute pour certaine préséance : mais elle menagea les interests des personnes avec tant de sagesse qu'elle finit leur contestation.

On a conformé les Lettres receues par Md. de Montmorency, de la Reine d'Angleterre, touchant l'Histoire du Roy son mary, aux Memoires de Calendy, & aux faits rapportez au 25 & 26 Livre de l'Histoire d'Angleterre, d'Escosse & d'Irlande par Dudesne, & continués par Duverdier.

Elle apprit alors les troubles d'Angleterre. La douleur que la Reine lui avoit témoignée à la mort du Duc de Montmorency, & l'amitié qu'elle conservoit pour cette Princesse, l'interessoient dans tous ces desordres, & elle en voulut sçavoir les moindres évenemens. On lui écrivit la défaite des Troupes du Roy, l'extrémité de ce Prince qui estoit sorty d'Oxfort, déguisé, pour se rendre à l'Armée d'Ecosse; & qu'ensuite ayant esté enlevé à Holemby, on l'avoit conduit à Neumarket. Elle apprit aussi la fuite du Duc d'York, du Palais S. Jacques, où sans estre prisonaier, on avoit l'œil sur sa conduite. Ce Prince s'estoit fait un jeu de se cacher en divers lieux de ce Palais, afin de se faire chercher par ses Gens. Il crût ce moyen propre au succez de son entreprise, & sous ce pretexte il passa dans les Jardins & sortir par une petite porte dont il avoit demandé la clef, qu'on lui donnoit quelques fois pour aller à la chasse. Un carrosse qui l'attendoit, le mena sur le bord de la Tamise, d'où une Gondole préparée le porta premierement à une maison affidée, pour prendre un habit de femme ; & le conduisit ensuite jusqu'à Grinvvich. Alors le Battelier qui pensa que le déguisement n'estoit pas sans mistere, ne voulut point passer outre, tant à cause du mauvais temps, que parce qu'il soupçonna cette personne d'estre quelque chose plus qu'une fille. En effet, voyant sortir le bout d'une jarretiere bleuë, il ne douta plus que ce ne fust le Duc d'York ; & comme un de ses Gentilshommes lui dit que cette Dame estoit pressée d'aller en Hollande pour des affaires importantes, le Battelier répondit en soûriant, qu'elle avoit un grand privilege, *car*, ajoûta-t-il, *jamais femme n'a esté Chevalier de la Jarretiere*. A ces mots le Prince le regardant avec cette confiance que les grands cœurs ont à leur courage, *Tu as raison, bon homme*, dit-il en lui tendant la main, *je suis le Duc d'York ; mais sois persuadé de ma reconnoissance, si tu contribuës à ma liberté*. Ces paroles animerent si fort le Battelier, qu'il prist sur l'heure le courant de l'eau. *Allons, Seigneur*, dit-il, *où nous conduira la fortune*. Et peu de temps aprés, ce Prince arriva à Midebourg, sans trouver aucun obstacle dans son passage.

La Reine qui alloit en Hollande demander du secours pour le Roy, écrivit encore à la Duchesse, que les rebelles l'accusoient faussement de vexation, & que pour la rendre odieuse, ils lui supposoient des trahisons contre l'Etat. Madame de Montmorency avoit le cœur penetré de la désolation de cette Princesse ; &

comme elle sceut quelques mois aprés, qu'estant accouchée à Exeter, elle avoit esté obligée de fuir toute malade, pour éviter le Comte d'Essex, elle lui écrivit plusieurs Lettres pour lui donner de la fermeté. Elle lui témoigna dans la suite la joye de sçavoir que le Roy s'estoit mis en seureté dans l'Isle de Vvich ; mais apprenant peu de temps après, qu'il estoit tombé au pouvoir de ses ennemis, elle fut dans la derniere douleur, par les mauvaises nouvelles que lui donna un Gentilhomme qu'elle avoit envoyé en Angleterre pour l'informer de tout ce qui se passeroit. Il lui écrivit ,, Que Cromüel avoit ,, fait conduire ce Prince au Château ,, de Hurst pour le faire mourir par ,, la malignité de l'air : Que pendant ,, qu'il y fut, il avoit menagé des ,, intrigues avec les Generaux, pour ,, obliger l'Armée à demander sa ,, mort : Que les deux Chambres du ,, Parlement écoûtoient cette pro- ,, position ; & que les Provinces ani- ,, mées contre lui par des discours

La Reine estant retournée en Angleterre, accoucha à Exeter, de la Princesse Henriette, qui a esté feuë Madame.

Le Comte d'Essex alloit assieger Exeter.

,, seditieux, en attendoient l'execu-
,, tion avec impatience, & ne le re-
,, gardoient plus que comme vn Ty-
,, ran, qui les ravageoit par des guer-
,, res continuelles.

Il ajoûta dans une autre Lettre,
,, Que le Parlement avoit établiy une
,, Cour de Justice pour lui faire son
,, procez : Qu'on l'avoit conduit à
,, Londres, où Cromüel le persecu-
,, toit tellement qu'il avoit envoyé
,, ses Satellites par toute la Ville,
,, pour animer le peuple à s'aller
,, plaindre de son gouvernement ; &
,, que les Soldats mesmes le menant
,, devant les Juges, crioient *justice &*
,, *execution.* Il lui apprit aussi ,, Que
,, entre autres crimes, on accusoit ce
,, Prince d'avoir voulu abolir les Loix
,, de l'Etat, d'avoir entretenu, pen-
,, dant plusieurs années, une cruelle
,, guerre dans le Royaume, d'avoir
,, des liaisons avec le Pape pour ex-
,, terminer tous les Protestans d'An-
,, gleterre, d'avoir contribué à la
,, prise de la Rochelle, de favoriser
,, la rebellion d'Irlande, & d'avoir

„fait perir en un mois, dans la feule „Province d'Ulſter, par diverſes ſor- „tes de cruautez, près de deux cens „mille perſonnes.

Toutes ces fauſſes accuſations af- fligeoient Madame de Montmoren- cy. Elle les regardoit comme des traits de la politique de Cromüel, uny avec les Juges, qui, ſans prévoir la tyrannie qu'il leur préparoit, ſacri- fierent leur Prince à ſon ambition. En effet, tout le monde ſçait qu'a- prés l'avoir declaré convaincu de tous les crimes dont on l'accuſoit, ils le condamnerent à la mort, & l'abandonnerent à des Soldats inſo- lens, qui n'ayant jamais receu de lui que des graces, ne laiſſerent pas de lui faire pluſieurs inſultes, juſqu'à lui cracher au viſage, pour achever de le couvrir d'ignominie. On ſçait meſme que leur haine alla ſi loin, qu'ils le tinrent longtemps dans un lieu d'où il entendoit le bruit qu'on faiſoit en dreſſant l'échaffaut, afin que l'idée de ſon ſupplice le fiſt mou- rir pluſieurs fois de douleur.

Puifque nous fommes tombez fur ce fuiet, achevons de raconter en peu de mots la fin déplorable de ce Prince. Aprés lui avoir prononcé la Sentence, on le conduifit au Palais S. Jacques, où la Princeffe Elifabeth & le Duc de Glocefter fes Enfans, lui furent prefentez. Il les embraffa tendrement, & leur donna fa benediction. Et le lendemain on le remena à dix heures du matin, à Vvihtt-Hall, par le Parc, au milieu d'un Regiment d'Infanterie, & accompagné de quelques-uns de fes Gentilshommes, qui alloient auprés de fa perfonne, tefte nuë, dans la derniere confternation. Il monta en cet état dans une gallerie, & de là dans fa chambre, où il s'artêta quelque temps à faire fes prieres ; & fur le midy il fut conduit au travers d'un grand nombre de Moufquetaires rangez en haye, le long de la falle des Banquets, joignant laquelle eftoit l'échaffaut en dehors, tendu de noir, où il defcendit par une fenestre. La place où fe faifoit l'execution, eftoit

la D. de Montmorency.

fermée de barrieres pleines d'Infanterie. Il y en avoit aussi plusieurs Regimens qui gardoient les postes principaux de la Ville ; & on voyoit une grande quantité de Cavallerie mêlée parmy le peuple. Aprés sa mort, on brisa sa Statuë, on effaça ses Armes de tous les lieux où elles estoient ; & ayant donné à la memoire de ce Prince toutes les marques d'aversion, ils declarerent dans la suite Cromüel Protecteur du Royaume.

Sa Statuë estoit à la Bourse.

Madame de Montmorency penetrée de la consternation où devoit estre la Reine, lui fit rendre par le Gentilhomme dont on a parlé, des Lettres pour lui témoigner la part qu'elle prenoit à sa douleur ; & ordonna, à mesme temps, à cet Homme de s'informer du destin du Prince de Galles. Elle sceut à son retour, qu'on l'avoit proclamé Roy en Ecosse & en Irlande ; mais qu'ensuite, aprés plusieurs negociations, Cromüel avoit défait son Armée, forcé le Pont de Porvuick-Bridge, & emporté Vuorcester.

Peut-eſtre nous permettra-t-on encore de rapporter icy par occaſion, quelques particularitez ſingulieres de la fortune de ce grand Prince. Quand il eut perdu ſes Troupes, il ſe ſauva à l'entrée de la nuit, avec Milord Vuilmot, qui ne l'abandonna jamais ; & de peur d'eſtre reconnu, ſe ſeparant d'un gros de Cavalerie qui lui reſtoit, il prit avec peu de gens le chemin du Château de Boſ- cabel. A la pointe du jour, il arriva à demy-lieuë de là, dans la maiſon d'un Païſan qui avoit pluſieurs freres tous affectionnez à ſon ſervice. Le Gentilhomme qui le conduiſoit, fut bien receu de ce bon Homme, qui eſtoit dans l'admiration de voir le Roy chez lui. On conſulta auſſi-tôt des moyens de le mettre en ſeureté; & pendant qu'on alla vers les enne- mis pour découvrir adroitement, ſi on n'avoit point détaché de party pour chercher ce Prince, on l'habilla en Bûcheron avec un méchant haut- de-chauſſe verd, un pourpoint de peau de Daim, & un mauvais chapeau gris. On lui donna une ferpe à la main, & on le mena couper du bois dans une Foreſt voiſine. A peine y eſtoit-il arrivé, qu'un party de deux cens Chevaux envoyez par Cromüel, environna la maiſon du Païſan: Mais comme le Capitaine ſceut que le gros de la Cavalerie Royale s'eſtoit retiré vers le Nord, il ne douta pas que le Roy n'y fuſt, ce qui l'obliga de marcher de ce côté là pour le prendre.

Ce Prince paſſa tout le jour dans le Bois, & il retourna ſur le ſoir à la meſme maiſon; mais croyant eſtre plus en ſeureté à ſix lieuës de là, chez un Gentilhomme affidé, il s'y fit conduire à pied. Il y arriva ſi tard & ſi fatigué, que de peur d'eſtre connu des Vallets, il alla coucher ſur du foin dans une grange voiſine. Il vit le Gentilhomme le lendemain, qui ne pouvant le ſervir, l'obligea de s'en retourner. Le Païſan avoit découvert dans la Foreſt un chaîne fort gros, & dont les branches eſtoient ſi épaiſſes & ſi entrelaſſées, que six Hommes s'y pouvoient cacher, sans estre apperceus. Il fit monter le Roy dans cet arbre, où il passa la journée avec du pain & de l'eau, & dormit quelques heures. Ce qui le rétablit de la fatigue qu'il avoit euë. A l'entrée de la nuit il alla au Jardin de Boscabel, & la nuit suivante, ce bon Homme le conduisit à un lieu où il devoit trouver un azile asseuré.

Le Roy estoit sur un méchant Cheval d'un Meûnier, que ce Meûnier menoit par la bride ; & comme il bronchoit souvent, il pria cet Homme de prendre garde qu'il ne s'abatist, sur quoy le Meûnier fit cette plaisante réponse, *que son Cheval portoit trois Royaumes, & que la charge estoit assez pesante pour l'excuser s'il bronchoit.* Ce qui fit rire le Prince, malgré l'état de sa mauvaise fortune. Enfin il arriva à cette maison au milieu de la nuit, où Vuilmot le receut avec beaucoup de joye. Il lui dit qu'il falloit songer à sortir promtement du Royaume, & que la Fille
de

de son Hôte avoit trouvé le moyen de venir à bout de cette entreprise. Il ajoûta que cette Demoiselle avoit une sœur mariée à Bristol, qu'elle obtiendroit un Passeport pour s'y faire mener en croupe par un Valet de chambre, & que ce seroit lui qui la conduiroit. Le Roy approuva l'invention ; & la Demoiselle ayant noircy avec une eau le visage de ce Prince, ils allerent tous deux heureusement à Bristol. Le Roy continüa le chemin, & se rendit à un autre lieu, dans lequel Vuilmot l'attendoit avec un Vaisseau prest d'aller en France, où enfin ils arriverent, aprés avoir couru plusieurs dangers, dont le moindre estoit capable de leur faire perdre la vie.

La Reine estoit accablée d'affliction de la mort du Roy son mary, & Madame de Montmorency continüa de lui écrire pour la consoler. Le rapport qu'il y avoit de leurs malheurs, la rendoit plus sensible à ses maux ; mais comme elle estoit persuadée qu'on ne trouve de la

P

consolation qu'en Dieu, elle ordonna plusieurs Prieres, afin d'obtenir quelque soulagement à cette Princesse désolée : Et de là prenant occasion, par un retour vers le Ciel, de parler aux Religieuses, de la fragilité des choses humaines, elle dit qu'on pouvoit juger, par cet exemple funeste, de la confiance qu'on doit avoir aux plus grandes élevations de la fortune.

Ce fut avec le mesme esprit de pieté, qu'elle entretint la Reine, la derniere fois qu'elle passa à Moulins. Sa Majesté entra dans le Convent de Sainte Marie ; & quand elle la vit, se souvenant de l'état heureux où elle estoit lors qu'elle vint en France, & voyant celuy où elle la trouvoit dans ce Monastere, elle ne pût retenir ses larmes. Elle lui parla deux heures en particulier. Madame de Montmorency avoit sur son visage un air de mortification qui touchoit le cœur de la Reine. Sa Majesté ne pouvoit cesser d'admirer l'élevation de son ame ; & aprés lui

Marie de Medicis.

avoir témoigné son étonnement sur l'austerité de sa vie, *Plût à Dieu, Madame*, répondit-elle, *que j'eusse donné à Dieu mes premieres années, & mon seul déplaisir est de ne lui pouvoir offrir que le reste du monde.* La Reine la conjura de se souvenir d'elle dans ses prieres, & la Duchesse lui dit qu'il y avoit longtemps qu'elle demandoit au Ciel de la combler de benedictions. Sa Majesté l'embrassa tendrement, & aprés l'avoir recommandée aux Religieuses qu'on avoit fait venir, elle sortit du Convent avec une consolation qu'elle ne pouvoit exprimer. Elle avoit l'esprit si plein de sa vertu, qu'elle en parloit à tout le monde. Et un jour, comme elle l'entendit comparer à Artemise qui avoit bû les cendres de son Mary, détrempées dans ses larmes, *Il y a plusieurs années*, dit cette Princesse, *que ma cousine de Montmorency boit les cendres du sien, détrempées dans le Sang de Iesus-Christ.*

Peu de temps aprés, elle voulut commencer le bâtiment de l'Eglise,

& elle obtint de l'Evêque d'Autun permission de faire benir les pierres qui en devoient estre le fondement. On lui presenta les paroles qu'on y vouloit graver, & trouvant les mots de *Fondatrice* & *Restauratrice*, elle dit qu'elle n'estoit ny l'un ny l'autre. Elle les effaça elle-mesme, & laissa ceux qui suivent.

Trés-haute, trés-puissante & trés-excellente Princesse Madame Marie Felice des Vrsins, veuve de trés-haut & trés-puissant Seigneur Messire Henry Duc de Montmorency & Dampville, Pair & Maréchal de France, Gouverneur & Lieutenant General pour le Roy en Languedoc, a posé cette premiere pierre aux fondemens de cette Eglise, que sa pieté fit construire à l'honneur de la glorieuse Vierge Marie & de tous les Saints, sous l'invocation & singuliere protection

la D. de Montmorency.

du glorieux S. Ioseph : Estant Superieure en ce Monastere la Mere Ieanne Therese Picoteau, compagne de la trés-digne Mere de Chantal, Fondatrice de l'Ordre de la Visitation, le 21. Iuillet 1648.

Quand elle relût cette Inscription elle témoigna quelque peine à souffrir les mots de *trés-haute & trés-puissante*; neantmoins elle les passa, de peur de faire paroistre de l'affectation à chercher l'humilité : Mais au lieu de permettre qu'on mist ses Armes sur le Portail de l'Eglise, elle fit graver celles de l'Ordre, & protesta que si on mettoit les siennes, elle les feroit effacer. La rigueur de l'Hyver l'empêcha de continuër le bâtiment ; & pendant ce temps là le Lieutenant General lui ayant communiqué le dessein qu'on avoit de consentir à l'établissement des Religieuses Hospitalieres de la Fléche, qui vouloient aller à Moulins, elle offrit une somme considerable pour contribuër à leur bâtir une Chapelle, qui porte le nom de *l'Immaculée Conception*. Se refusa, comme elle avoit déja fait, la qualité de Fondatrice, se contentant seulement que ces Filles se souvinssent d'elle & de Monsieur de Montmorency, dans leurs prieres.

Quand on ne possede les richesses que pour soulager la misere des pauvres, & pour élever des Temples à Dieu, c'est alors qu'on a le cœur veritablement grand ; le détachement qu'on s'en fait avec une connoissance tranquile, marque qu'on est vertueux, parcequ'on le veut estre, & c'est le caractere de cette Princesse, qui n'a jamais refusé de ses biens, non pas mesme à ses ennemis, & qui n'a rien trouvé de bon dans ceux qui lui restoient du debris de sa fortune, que le pouvoir d'augmenter la gloire de Dieu & de diminuër les peines des malheureux.

CHAPITRE XXIV.

Mademoiselle de Portes va demeurer quelque temps avec la Duchesse. Madame de Longueville se trouve auprés d'elle, quand les pieces du Mausolée arrivent à Moulins. On lui écrit la mort du Duc de Nemours.

IL y avoit longtemps que Madame de Montmorency souhaittoit d'avoir auprés d'elle Mademoiselle de Portes. C'estoit une Fille riche, d'un esprit sublime, de grande qualité, parente de la Duchesse, & pleine d'une vertu singuliere. Elle avoit toûjours desiré de se retirer dans un Convent, pour s'attacher à Dieu avec plus d'ardeur ; & ses parens qui s'y estoient longtemps opposez, de peur qu'elle ne se fist Religieuse, consentirent à la fin qu'elle allast passer quelques mois avec Madame de Montmorency. Dans la suite elle remarqua en cette Princesse une si grande disposition à la vertu, qu'elle disoit aux Religieuses, que la sainteté sembloit lui estre naturelle, & que ses inclinations la portoient si fort à Dieu, qu'elle se feroit fait violence pour s'en éloigner. Elle ajoûta qu'il ne falloit pas s'êtonner de cet heureux penchant, puisqu'elle venoit d'une Maison qui avoit donné tant de Saints & de Martyrs à l'Eglise, & que ses Ancestres avoient esté les premiers entre les grandes Familles de l'Empire, qui avoient receu la Foy : *Et il paroist en cela*, dit-elle, *qu'il y a eu de la Providence qu'elle fust unie à Monsieur de Montmorency, dont la Maison se glorifie du mesme avantage parmy les François.*

Aprés qu'elle eut demeuré quelque temps dans ce Monastere, la Duchesse eut le déplaisir de la voir partir pour retourner dans ses Terres. Cette separation la touchoit sensiblement ; mais aprés faifant reflexion que le motif de fon voyage eſtoit juſte, elle ne voulut pas l'empêcher : Au contraire, comme une Religieufe lui dit qu'on la pouvoit facilement retenir, en lui reprefentant le danger où elle s'alloit expofer, parmy les Huguenots des Sevenes, qui exerçoient plufieurs cruautez fur les Catholiques, elle répondit que Mademoifelle de Portes eſtoit conduite par l'efprit de Dieu, & que le Ciel auroit foin de fa vie. En effet fon voyage fut heureux, & à fon retour elle fceut d'une de fes Filles, le bien qu'elle avoit fait parmy les Heretiques, & la benediction que Dieu avoit donnée à fon zele.

Elles continüerent de vivre toutes deux dans la mefme union de cœur, & fe communiquoient leurs penſées pour s'animer à la fainteté. Mademoifelle de Portes propofoit quelques fois des queſtions pour égayer l'entretien ; & un jour elle lui demanda, en prefence de quelques Religieuſes, ce qu'elle aimeroit mieux, *ou conserver toute sa vie l'innocence dans une mediocre vertu, ou tomber dans le peché & s'en relever ensuite par une grande penitence & parvenir à une haute perfection.* La Duchesse choisit aussi-tôt le premier, & allegua quantité de raisons pour deffendre son sentiment. Elle dit que l'innocence qui dure toute la vie, a des avantages plus grands que la perfection precedée par l'infidelité : Qu'on ne pouvoit expliquer la consolation d'avoir toûjours obéy à Dieu, & d'estre en quelque maniere asseuré de son amour : Que cette pensée nous donnoit une tranquilité qui sembloit nous faire goûter par avance quelque chose de la felicité des Bienheureux ; & qu'outre ce repos, on se sentoit le cœur penetré d'une joye interieure, songeant qu'on jouïroit d'une gloire qui ne finiroit jamais. Elle ajoûta le triste souvenir qu'on a, mesme dans la penitence, d'avoir témoigné envers Dieu de l'ingratitude, puisque par là on se rend indigne de tous les biens qu'il nous a donnez.

Elle dit qu'alors il nous fait interieurement le reproche du Prophete Nathan à David, qui est de nous avoir créez, de nous deffendre contre nos ennemis, & cependant de faire le mal devant ses yeux, & de mépriser sa Parole.

Quand la Duchesse eut cessé de parler, Mademoiselle de Portes qui faisoit semblant d'estre du party contraire, chercha plusieurs raisons, à la verité bien moins pour l'appuyer serieusement, que pour donner nouvelle matiere d'une agreable contestation. Elle dit que la consolation de passer du crime à la penitence, n'estoit pas moins grande que celle que l'on sent dans une continuëlle fidelité : Que mesme il y avoit plus de plaisir d'estre sorty d'un malheur, que de n'y estre jamais tombé : Qu'alors on se trouvoit comme un Homme qui, après avoir esté quelque temps dans l'orage, considere du port avec joye le danger où il a esté de perir : Et qu'enfin les maux ont cela de propre, que lors qu'ils sont finis, le souvenir produit dans le cœur un plaisir plus sensible que n'est la peine qu'on a euë à les endurer : Qu'il est vray que le peché nous éloigne de Dieu, qu'il jette le trouble dans l'ame, & qu'il la tient dans l'aveuglement ; mais que quand on estoit assez heureux pour dissiper ces tenebres, ces mesmes pechez *lavez dans le Sang de l'Agneau*, devenoient plus éclatans que la lumiere, & que s'ils nous laissoient quelque reste de penchant à la rebellion, ils nous fournissoient aussi les occasions de combattre & d'augmenter nostre gloire. Elle dit que si S. Pierre n'avoit jamais esté infidelle, l'Eglise ne seroit pas honorée des larmes de sa penitence : Que l'ardent amour de la Magdeleine venoit de ses déreglemens passez ; & que c'estoit à leurs pechez que ces illustres Penitens sembloient devoir leurs douleurs.

Elle ajoûta qu'un Homme juste, qui a toûjours esté uny à Dieu, ne connoist pas assez le mal qu'il y a d'en estre separé : Que l'experience, quoyque funeste, nous fait sentir ce malheur dans toute son étenduë, en nous ouvrant les yeux pour voir l'état où nous sommes reduits : Que quand on n'a jamais perdu la grace, il semble qu'on ne peut se bien representer ses foiblesses : Que l'on est en danger, dans une continüelle vertu, de se flater de vaine gloire & de se confier à soy-mesme ; & qu'une ame Chrêtienne qui ne voit dans sa vie aucune tache qui la puisse faire trembler, perd la crainte des Jugemens de Dieu, & s'endort facilement dans son propre merite : Mais que lors qu'on a esté dans le peché, & que nous éprouvons par nos chûtes, le peu de force que nous avons, on entre dans le veritable aneantissement de soy-mesme, on renonce à ses lumieres, pour recourir à Dieu avec plus d'ardeur & d'humilité : Que pour le reproche que le Prophete fait à David, il estoit aisé d'y répondre par ces autres paroles, *Que si le pecheur fait penitence, Dieu se repentira du dessein qu'il a eu de le punir,* nous voulant faire comprendre par ce repentir, non seulement l'envie que Dieu a de noſtre converſion, mais auſſi l'amour dont il eſt touché pour nous, à la veuë de nos larmes. Toutes ces raiſons faiſoient conclurre à Mademoiſelle de Portes, que l'innocence conſervée pendant la vie, dans une mediocre vertu, devoit eſtre moins eſtimée que la perfection où s'éleveroit un penitent, aprés ſes deſordres.

Madame de Montmorency répondit qu'il ne falloit que ſe conſiderer ſoy-meſme, & vouloir découvrir ſes erreurs, pour s'humilier veritablement & pour voir le beſoin continüel que nous avons de la grace : Que les larmes de S. Pierre auroient eſté plus pures & plus ſaintes, ſi le ſeul amour divin les avoit fait couler, pluſtôt que la douleur de ſa chûte ; & qu'enfin, puiſque le peché détruit Dieu autant qu'il peut, & que la perfection, quelque grande qu'elle ſoit, n'eſt que le bonheur des creatures, il valloit beaucoup mieux vivre toûjours dans une mediocre sainteté, que de s'élever, aprés nos pechez, à une haute vertu.

Mademoiselle de Portes qui, comme on a dit, estoit persuadée dés le commencement de la dispute, du sentiment de la Duchesse, lui avoüa qu'elle avoit toûjours esté de son avis, & qu'elle n'avoit pris le party contraire, que pour lui donner lieu de parler en faveur de l'innocence.

A la fin de la conversation on rendit à Madame de Montmorency une Lettre d'une Dame qui la loüoit de plusieurs vertus. La Duchesse l'ayant leüe avec des pensées bien differentes de celles que la Dame lui vouloit donner, crût devoir dire à Mademoiselle de Portes & aux Religieuses qui s'attendoient à quelques nouvelles, que la Lettre ne contenoit qu'un amas de loüanges où elle ne pretendoit rien : Et comme alors elle se souvint d'un trait que le Duc de Bracciano son pere, fit à son occasion, elle le leur raconta. ,, Avant ,, mon départ de Rome, dit-elle, mon

240 *La Vie de Madame*

„ Pere eut envie de me faire pein-
„ dre. Le Peintre m'embellit de plu-
„ sieurs traits que je n'ay jamais eus,
„ & quand il eut finy son ouvrage,
„ il le presenta au Duc, qui me
„ voyant plus belle que je n'estois,
„ fit semblant de ne me pas connoîs-
„ tre; & aprés avoir loüé le Portrait,
„ il le pria de lui faire voir le mien.
„ Le Peintre surpris répondit qu'il
„ l'avoit devant ses yeux. Alors le
„ Duc faisant l'étonné, lui dit en
„ soûriant, *ou faites un Portrait qui resemble à ma Fille, ou faites que ma Fille ressemble à ce Portrait. Voila justement,* ajoûta la Duchesse, *la réponse que je vais écrire à la Dame, Qu'elle me dépeigne telle que je suis, ou qu'elle me fasse telle qu'elle me dépeint.*

Le repos dont jouïssoit alors la Princesse, fut troublé par le funeste accident de la mort du Duc de Nemours. Elle apprit cette nouvelle avec une affliction extrême, qu'elle témoigna à Madame de Nemours, dans les paroles suivantes.

MADAME, Ie suis plus propre à donner des larmes à vostre perte, que des consolations à vostre douleur. Dieu peut le dernier, & non les creatures ; & j'espere qu'il vous en fera sentir les effets. Il a assez de puissance & de bonté pour guerir les grands maux. Les vostres, que je vois non seulement avec des yeux de compassion, mais d'un cœur interessé à tout ce qui vous touche, me seroient insupportables, s'il ne les falloit souffrir dans la volonté d'un grand Maistre, à qui les personnes que nous plaignons, sont plus cheres qu'à nous-mesmes. La resignation que nous lui devons, adoucit nos souffrances ; & quand on la lui refuse, on se charge d'un repentir que le temps augmente. Vne malheureuse experience m'arrache cette verité de la bouche. Recevez-la comme d'une personne qui souhaite que dans le chemin où elle a tant fait de chûtes, vous n'y fassiez que des pas pour le Ciel. Ie supplie celui qui en est le Seigneur, de vous assister de ses graces. Faites-moy celle de croire que de toutes les personnes qui prennent part à vos pertes, il n'y en a point qui égale les sentimens de &c.

DES URSINS MONTMORENCY.

Elle lui écrivit plusieurs autres fois pour la consoler. Elle élevoit à Dieu le cœur de cette Princesse, & lui faisoit voir d'où venoit le coup, pour le soûtenir constamment. Comme ses Lettres la soulagerent beaucoup, elle alla à Moulins pour la remercier ; & elle lui presenta les deux Princesses ses Filles, qui estoient encore fort jeunes, la priant instamment de leur donner sa benediction. Ce qu'elle ne pût obtenir de sa modestie ; mais elle lui promit de demander celle de Dieu pour elles, afin que leur vie fust toûjours heureuse. Madame de Nemours lui parloit avec une entiere confiance, sans lui cacher ses malheurs. Elle disoit qu'elle adoroit la Providence divine, de lui faire sentir le poids du monde, & combien on se trouve accablé du debris de sa propre grandeur.

Ce sont les mesmes sentimens que cette Princesse a toûjours conservez. Aussi Madame de Montmorency, qui connoissoit avec quelle force & quelle soûmission à Dieu elle souffroit ses douleurs, disoit souvent aux Religieuses, *Qu'elle portoit sur son visage le caractere d'une Sainte, & qu'on ne la pouvoit regarder sans voir en elle les marques de sa prédestination.*

Les entretiens qu'elle avoit eus avec Madame de Montmorency, lui avoient donné le dessein de s'engager dans la Régle de Sainte Marie : Et la Mere de Changy, qui a laissé tant d'Ouvrages dignes de sa vertu, écrivant à une Superieure de l'Ordre, lui dit ces paroles.

Il est vray, ma trés honorée Sœur, que feuë Madame la Duchesse de Nemours devoit se venir faire Religieuse auprés de nous à Annecy, choisissant ce lieu où reposent les Reliques de nostre saint Fondateur, pour qui elle avoit une veneration particuliere : Et je garde precieusement le Vœu qu'elle en avoit fait & écrit de sa main.

Et une marque qu'il n'y a eu que la mort qui ait empêché cette Princesse de suivre son dessein, est qu'elle a voulu estre enterrée avec l'Habit de l'Ordre, & inhumée dans un Monastere de la Visitation ; où ensuite les deux Princesses ses Filles, s'estant retirées, n'en sortirent que pour estre, l'une Duchesse de Savoye, & l'autre Reine de Portugal.

C'est dans le Couvent de Sainte Marie, de la rüe S. Antoine.

Madame de Nemours n'estoit pas seule d'avoir de la veneration pour Madame de Montmorency, la Duchesse de Ventadour & Madame de Valencé la regardoient comme un exemple de Vertu Crhétienne, & elles lui donnerent leurs Filles, ne pouvant leur procurer un plus grand avantage que celui d'estre sous la conduite d'une personne si sainte. Elle les receut avec joye ; & comme elle avoit dessein de les retenir dans la Religion, elle leur inspira tous les sentimens qui pouvoient contribuër à le faire réüssir. Elle leur donnoit des instructions proportionnées à leur enfance, pour jetter dans leur cœur les fondemens de leur salut, estant bien persuadée qu'il n'y a rien de bas dans les moindres occupations qui vont à la gloire de Dieu.

Elle prit beaucoup de part aux divers évenemens qui traverserent, pendant plusieurs années, la vie de Messieurs les Princes de Condé & de Conty ses neveux. Elle écrivit à feu son Altesse Royale, & on conjecture par les réponses qu'elle en receut, qu'elle n'oublioit rien pour changer leur mauvaise fortune. Elle prit le mesme interest en ce qui touchoit Madame de Longueville, & elle eut un plaisir singulier de la voir à Moulins, où elle fut pour attendre le Duc son mary. Cette Princesse lui dit qu'elle estoit venuë chercher auprés d'elle de la force & de la consolation pour adoucir les maux qui l'accabloient. Elle demeura dix mois au Convent de Sainte Marie, où elle consideroit attentivement sa vie extraordinaire, & sur tout avec quelle douceur & quelle humilité elle conversoit également avec toutes les Religieuses, & avec quel plaisir elle s'abaissoit aux offices les plus bas du Monastere. Ces exemples d'aneantissement la faisoient rentrer en elle-mesme ; & elle commença dés lors à jetter dans son cœur les fondemens de cette grande vertu où elle s'attacha quelques années aprés, & qu'elle a toûjours conservée.

Pendant qu'elle fut à Moulins, elle vit arriver les Figures du Mausolée de Monsieur de Montmorency, que la Duchesse avoit fait faire à Paris, & qui avoient esté admirées de tout le monde. Cette Princesse lui témoigna beaucoup de joye d'avoir si bien réüssi, mais elle fut surprise de la voir sans empressement de faire ouvrir les caisses, se contentant de répondre tranquilement à celui qui les avoit conduites, *Nous sçavons aujourd'huy que les pieces du Mausolée sont arrivées, nous verrons demain si elles sont belles.* Elle les trouva telles en effet ; mais neantmoins avec des deffauts qui lui donnerent du chagrin. Quelque précaution qu'elle eût euë à envoyer à Paris l'Architecte qui devoit bâtir son Eglise, pour prendre les mesures avec le Sculpteur qui faisoit le Mausolée, ses soins furent inutiles, & les principales Figures se trouverent, pour le regard, d'une situation contraire à ce qu'elle souhaitoit ; car au lieu de le porter directement sur l'Autel, elles le tournent un peu vers le bas de l'Eglise. Ce deffaut lui déplût beaucoup, aussi bien que la Figure qui la represente sous le nom de la Douleur, sur la Table du Mausolée. Elle avoit expressément deffendu d'y rien mêler, qui eût du rapport à sa personne, & elle ne la souffrit que parcequ'il n'y avoit pas moyen de l'ôter sans gâter l'ouvrage : Mais elle persista à faire couvrir la nudité des Genies qui soûtiennent le cordon de l'Urne ; & quelque resistance que fît l'Ouvrier, elle voulut estre obéïe sans écouter ses raisons. Tout le monde admire ce superbe Monument, où l'on a gravé ces paroles,

EPITAPHE.

Henrico Montismorentij Ducum
ultimo & maximo,
Franciæ Pari, Thalassiarco Polemar-
co, terror hostium, amori suorum,
A... Felix Vrsina, Romanæ
stirpis, digna Conjux,
Cui divitiæ, ex immensis, unæ, olim
viventis amor, nunc functi cineres,
Post exactos viginti fœlicissimi
Hymenæi annos,
Marito incomparabili, de quo dolere
nihil unquam potuit, nisi mortem,
Bene merenti F. An. Sal. M.
DC. LII. luctûs sui XX.

Madame de Longueville n'ayânt plus d'affaires à Moulins, partit dans ce temps-là pour retourner à Paris;

Cette separation les toucha sensiblement ; mais elle se consola par l'amitié que lui promit la Duchesse, & par le plaisir qu'elle auroit de lui écrire. Ce qu'elle fit aussi souvent qu'elle pût, afin de lui rendre compte de l'état de son ame, & de lui demander des conseils pour sa conduite. Aprés lui avoir parlé dans une Lettre, d'un fâcheux accident qui lui estoit arrivé, *Voila, ma Tante,* ajoûta-t-elle, *les fruits du siecle & de l'esprit du monde. On est heureux de l'avoir quitté, comme vous ; mais puisque cela ne dépend pas de moy, il me faut au moins retrancher à en sortir de cœur, afin que si on est enveloppé dans les disgraces de la vie seculiere, on ne contribuë rien au peché qui les cause.*

Et dans une autre Lettre, cette Princesse répondant aux loüanges qu'elle donnoit à sa vertu, lui dit ces paroles, *Vous me croyez telle que vous souhaitez ; mais plaignez-moy plûtost de ce que je resiste encore à Dieu, & que je ne suis pas ce que je devrois estre. Ie me regarde comme l'Aveugle né* de l'Evangile, que Iesus-Christ guerit avec de la boüe. Mes yeux ne sont pas propres à regarder si-tôt le Ciel, & je les dois encore employer à regarder le fond de la terre, d'où la grace m'a retirée.

Lui parlant une autre fois du danger où elle avoit sçû qu'elle avoit esté de mourir, elle ajoûte ces mots, *Conservez-vous pour la gloire de Dieu; & puisque vous lui avez consacré vostre vie, prenez-en autant de soin qu'en prennent pour la leur, ceux qui la sacrifient à la vanité. Demandez à Iesus-Christ, qu'il me preserve de tomber dans celle qui m'environne & dont j'ay eu le cœur si plein autrefois. Hélas! il ne l'est peut-estre que trop encore; mais quelque miserable qu'il soit, il est toûjours à vous.*

On voit encore dans celle-cy ces excellentes paroles, *Tant d'afflictions & de renversemens de fortune, ne redisent au cœur que ce que Dieu lui a dit une fois, qu'il n'y a rien de solide parmy les Hommes, & que lui seul peut faire sa felicité. Mais vous avoüeray-je la malice du mien, & pourrez-vous l'ap-*

prendre sans vous affliger ? Ie vous la diray pourtant, afin que vous plaigniez sa misere, & que vous en parliez à Iesus-Christ. J'aime la verité, & je me plais à ouïr sa voix, & avec cela je souffre encore pour des choses vaines que je ne veux plus posseder. Ie me suis trouvée presque accablée sous le poids de mes afflictions. Vous sçavez les circonstances de la derniere qui n'a pas beaucoup paru ; mais les plus grandes croix en apparence, ne sont pas les plus lourdes ny les plus difficiles à porter. Ie dis cecy sans me plaindre, car c'est à Dieu à nous les imposer, & à nous à les recevoir chrétiennement. Ie les adore toutes, & demandez-lui que je n'en rejette jamais aucune.

Ces Lettres sont pleines de sentimens si humbles & si saints qu'elles ont fourny autrefois des instructions aux Religieuses de Sainte Marie, à qui Madame de Montmorency les lisoit. Ces Filles en veulent faire part à tout le monde, pour montrer que les grandes vertus ne sont pas incompatibles avec la naissance; qu'on peut aimer Dieu dans l'éclat de la fortune, auſſi parfaitement que dans une condition mediocre ; & qu'en quelque rang que l'on ſoit élevé, on ſe peut faire un cœur d'airain pour le vice , auſſi facilement qu'on ſe le fait ſouvent pour la vertu.

CHAPITRE XXV.

Madame de Montmorency sollicite auprés du Pape, la Canonisation de S. François de Sales. Avec quelle charité elle traite ses debiteurs. Les obstacles qu'elle trouve quand elle veut prendre le Voile. La Reine Christine de Suede lui fait l'honneur de la visiter.

LA vie que menoit Madame de Montmorency, ne servoit pas seulement d'exemple pour toutes les personnes de la Cour de France, mais ses vertus estoient connuës dans toute l'Italie; & le Pape mesme a témoigné en plusieurs occasions, l'estime qu'il avoit pour elle. Aprés la mort d'Innocent X. la Princesse écrivit à Alexandre VII. son successeur,

pour lui marquer la joye que tout
l'Ordre de Sainte Marie, & elle en
particulier, avoit de son exaltation;
& le fit souvenir à mesme temps de
la veneration qu'il avoit toûjours euë
pour le Bien-heureux François de
Sales, afin de lui persuader par là
que Dieu lui avoit reservé la gloire
de le mettre au nombre des Saints.
Voicy la Lettre qu'elle lui écrivit.

*TRés-saint Pere, Ie me prosterne aux
pieds sacrez de Vostre Sainteté, pour
lui demander sa Benediction, & lui témoigner avec tout l'Ordre de la Visitation, la joye que j'ay du choix que le S.
Esprit a fait de vous pour estre successeur de Iesus-Christ. I'espere que Vostre
Sainteté continuera à cet Ordre l'affection
dont elle l'a honoré jusqu'à present, &
qu'elle satisfera aux prieres qu'il fait depuis longtemps au S. Siege, de declarer le
Bien heureux François de Sales son Fondateur au nombre des Saints. Nous en
aurons une reconnoissance éternelle, prians
le Ciel de conserver Vostre Sainteté, afin
que l'Eglise jouïsse longtemps du bonheur*

de la posseder : Et me jettant de nouveau à ses sacrez pieds, je lui proteste d'estre toute ma vie, avec une entiere soumission, sa trés-humble, trés-obéïssante & trés-indigne Servante,

MARIE FELICE DES URSINS MONTMORENCY.

Sa Sainteté honora la Duchesse du Bref suivant.

Alexandre Pape VII. Fille bien aimée en Iesus-Christ, excellente Dame, Salut & Benediction Apostolique. La connoissance que vostre Excellence m'a faite, me donne d'autant plus de joye & de plaisir, qu'elle est accompagnée des marques d'une pieté singuliere, qui ne donne pas peu d'éclat à vostre grande & illustre naissance. L'union que vous faites, en vostre personne, de ces deux choses si précieuses, contribuë sans doute beaucoup à porter les autres à l'imitation d'un si rare exemple. Ie vous asseure que l'une & l'autre ont beaucoup de pouvoir sur moy, & vous en verrez des preuves qui *vous donneront sujet de vous réjouïr de noftre exaltation au Souverain Pontificat. Ie donne de nouveau à voftre Excellence la Benediction Apoftolique. Donné à Rome, à Sainte Marie Majeure, fous l'Anneau du Pecheur, le fixiéme Iuillet mil fix cens cinquante-cinq, de noftre Pontificat l'année premiere.*

Auſſi-tôt que Madame de Montmorency eut receu ce Bref, elle le communiqua à tout l'Ordre de Sainte Marie, pour lui donner la ioye de voir ce qu'il contenoit, qui eſtoit l'eſperance de la Canonization de S. François de Sales. Cette Princeſſe qui, dés le moment que Madame de Chantal lui eut confié les intereſts de ſon Ordre, s'en eſtoit renduë la Protectrice, follicita cette Canonization avec tous les foins poſſibles. Elle commença d'agir en l'année mil fix cens quarante-fix, qui eſtoit le temps qu'on renouvella le Procez verbal qui la devoit preceder : Elle employa ſon credit auprés des principaux de la Cour de Rome, & elle écri-

écrivit sur tout à son neveu le Cardinal des Ursins, qu'elle conjura d'appuyer les instances qu'elle faisoit au S. Siege, pour venir à bout de son entreprise. Elle sollicita mesme les Evesques de France qui y devoient travailler ; & ajoûtant ses liberalitez à son zéle & à ses paroles, elle contribua une somme considerable, outre celle qu'elle avoit déja donnée au premier Monastere d'Annecy, pour le mesme dessein. Ce fut elle principalement, qui soûtint le choix que tout l'Ordre de la Visitation avoit fait de M. M. de Bourlon, Evesque de Soissons, & de Henry de Maupas, Evesque d'Evreux, pour lors Evesque du Puy, qui avoit une devotion si grande à S. François de Sales, qu'il quitta tout ce qui l'auroit pû empêcher de vaquer au Procez de Canonization de ce saint Prélat.

Elle ne se fatigua point de la longueur de son dessein, qu'elle ne pût achever que dix ans aprés, sans discontinuër, pendant ce temps là,

R

d'écrire à plusieurs Cardinaux, pour les solliciter de contribuër à une chose qui devoit estre glorieuse à toute l'Eglise. Et l'Evesque d'Evreux à son retour en France, dit aux Filles de Sainte Marie de Moulins, que le credit de Madame de Montmorency avanceroit de beaucoup la joye qu'elles recevroient. Il leur persuada l'obligation particuliere qu'elles avoient de se remplir de l'esprit de S. François de Sales ; & leur dit que le moyen le plus asseuré estoit d'imiter les vertus de cette Princesse. En effet, elle avoit un attachement singulier à l'observance de ce nouvel Institut, & elle en suivoit les régles avec tant d'exactitude, qu'elle ne voulut plus aller aux Bains de Bourbon pour se soulager dans ses maux.

Alors elle continüa le bâtiment de son Eglise ; & comme il falloit de grandes sommes, elle fit solliciter ses debiteurs de lui payer ce qu'ils devoient depuis plusieurs années. Celui qui se mêloit de ses affaires, commença par une Femme, à qui on enleva tout ce qu'elle avoit. Elle alla voir Madame de Montmorency, les yeux pleins de larmes, pour lui representer sa misere, & la conjurer d'en avoir compassion. La Princesse touchée de l'état où la dureté de cet Homme l'avoit reduite, lui fit rendre tous ses meubles. Elle pria mesme la Superieure, de la retirer dans une chambre externe du Convent ; & après lui avoir remis sa debte, elle la secourut jusqu'à ce qu'elle lui eust donné moyen de payer ses autres creanciers qui la vouloient faire arrêter.

Elle eut aussi pitié d'un Gentilhomme qui lui devoit environ cent mille francs, à qui elle remit les interests de plusieurs années, qui alloient à une somme considerable ; & comme elle sceut que les poursuites qu'on faisoit contre lui, le reduisoient à la derniere extrêmité, elle les fit cesser, & paya mesme huit cens livres de frais, sans vouloir escouter là-dessus l'avis de ses Intendans. Comme l'un d'eux lui dit que si elle continüoit d'agir ainsi, elle perdroit ses debtes, *Je n'ay pas la force*, répondit-elle, *de tourmenter personne. Si Dieu m'ôte mes biens, il m'ôte aussi l'obligation que j'ay de les donner ailleurs; & sa Sagesse en disposera mieux que je ne pourrois faire.*

Quoyqu'il lui fust permis de demander, par des voyes legitimes, les sommes qu'on lui devoit, cependant elle estoit persuadée qu'aucun droit ne nous dispense de la charité envers le prochain. Elle dit un jour que l'avarice & la dureté des Hommes se servent souvent de la Justice mesme, comme d'un pretexte legitime, pour faire mourir de faim des familles entieres, leur arrachant le peu de bien qu'elles ont, au lieu de leur donner du temps, & mesme de leur remettre leurs debtes, puisqu'ils les voyent dans cet état de necessité où Dieu les oblige de les secourir. Aussi comme on la vouloit faire consentir de nouveau à la poursuite de ses debiteurs, sous pretexte d'avoir de l'argent pour continüer le bâtiment de l'Eglife, *Quelle apparence, répondit-elle, d'élever un Temple à la gloire de Dieu, fur les ruines de tous les malheureux dont vous me parleZ ? Me pourrois-je refoudre à les reduire à la derniere mifere, & à voir fur l'Autel de ce mefme Temple, leurs larmes mêlées avec le Sang de Jefus-Chrift.* En effet, la compaffion qu'elle eut pour eux, l'obligea d'emprunter des fommes confiderables pour foûtenir fes grandes dépenfes dans les bâtimens qu'elle avoit commencez.

L'Eglife eftant achevée au commencement de l'année mil fix cens cinquante-cinq, elle la fit orner de plufieurs belles peintures qui reprefentent les Myfteres de la Vie de Jefus-Chrift. Ses parens lui envoyerent quantité de Tableaux de prix; & le Cardinal des Urfins fon neveu, lui donna celui du grand Autel, qui eft une Prefentation, où il s'eft fait peindre avec les Ducs de Bracciano & de Sangeminj, & les Princeffes Bourgaife & de Nerola. Ils lui donnerent encore plufieurs Reliques enchâssées, avec quelques morceaux de la Croix, & les Os de sept Martyrs, parmy lesquels sont ceux de S. Ours & de S. Ursin, de la Maison de Bracciano. Quand l'Eglise fut benîte, la Duchesse y fit transporter le Corps du Duc son mary, sans aucune ceremonie, mais seulement précedé des Religieuses & de quelques Prestres, chacun un cierge à la main, qui le conduisirent, les portes fermées, sous la Voûte, au dessous du Mauzolée, & poserent le cercüeil de plomb sur une table de pierre, où l'on avoit gravé le temps qu'on l'avoit transporté de Toulouse. Et le lendemain on fit des Services solemnels, où assisterent tous les Corps de la Ville. Aprés quoy les Religieuses se disposerent à la solemnité de la Feste de la Presentation, qui est le jour où tous les ans, selon la coûtume de l'Ordre, elles renouvellent leurs Vœux.

Il y avoit longtemps que Madame de Montmorency esperoit de prendre le Voile, ce mesme jour;

mais le Pere de Lingendes lui ayant toûjours conseillé de differer, elle passa encore deux années, dans la mesme vie qu'elle menoit depuis quinze ans, qui estoit dans l'observance des moindres régles de la Religion; & quand elle mangeoit en commun, on la traitoit simplement, sans qu'elle permist qu'on la distinguast des autres Religieuses, par aucun égard particulier. Elle commença dés lors à se separer du commerce du monde, plus qu'elle n'avoit jamais fait. Elle se retrancha mesme de la plufpart des Lettres de civilité, & n'écrivit qu'à quelques personnes de vertu, à qui elle rendoit compte de sa conduite, & dont elle recevoit quelques fois les conseils.

Le soin principal qu'elle eut pendant l'intervale de ces deux années, fut de prévenir tout ce qui pouvoit encore reculer son engagement à la Religion. Cela l'obligea de retirer de ses debiteurs quelques sommes pour payer celles qu'elle avoit empruntées. Aprés quoy, voyant qu'il ne lui restoit pas assez de bien pour executer son dessein, qui estoit de faire un fond pour l'entretien des Religieuses de Sainte Marie de Moulins, elle dit qu'il se falloit confier à la Providence, & que Dieu ne manqueroit pas de donner dans la suite les choses necessaires à un Monastere qu'il combloit alors de benedictions.

Quand elle fut au temps de prendre le Voile, le bruit s'en répandit dans toute la Province, & il y eut plusieurs personnes, mesmes des Prestres & des Religieux qui firent leur possible pour l'en détourner. Ils lui disoient que Dieu la vouloit dans la vie seculiere, pour estre le soulagement des pauvres & la consolation des malheureux : Qu'elle ne feroit rien de plus saint dans ce nouvel état, que dans celui où elle avoit esté jusqu'alors : Qu'au contraire, demeurant toûjours libre, elle pourroit exercer la charité envers une infinité de personnes, qu'elle tireroit de la misere : Que c'estoit presque un aussi grand merite de disposer de ses biens, comme elle faisoit, que de les abandonner entierement : Que si elle estoit tout-à-fait retirée, elle ne travailleroit que pour elle seule, au lieu que son état present lui permettoit plusieurs bonnes œuvres, qu'elle ne pourroit plus faire quand elle seroit dans la Religion. Enfin ils ajoûtoient qu'on la soupçonneroit de quelque sorte de legereté, si elle prenoit un engagement qui ne pouvoit augmenter sa vertu. Et dans le mesme temps Mademoiselle de Portes qui lui écrivit la peine qu'elle avoit de consentir à sa resolution, lui representa ses infirmitez continuelles, & les maladies frequentes qui la reduisoient quelquefois à l'extrêmité.

La Duchesse écouta paisiblement tout ce qu'on lui dit ; & elle fut étonnée que tant de personnes pieuses voulussent empêcher son dessein, sans auparavant connoistre le fond de son ame, & sans examiner les raisons qu'elle avoit de l'accomplir.

Madame de Longueville au contraire, aprés lui avoir témoigné sa joye, la loüa de quitter entierement le monde, & de vouloir achever le sacrifice qu'elle avoit si heureusement commencé. La Lettre de cette Princesse la consola beaucoup; & le consentement qu'elle eut quelque temps aprés, de Mademoiselle de Portes, acheva de la confirmer dans sa resolution.

Pendant qu'elle se disposoit à l'executer, la Reine Christine de Suede, Fille de Gustave Adolphe, qui revenoit de Paris, passa à Moulins pour la voir. Sa Majesté l'entretint quelques heures en particulier, & connut en elle tant de grandeur d'ame & tant d'humilité, qu'elle dit aux Religieuses de Sainte Marie, *Qu'elle n'avoit jamais vû que Madame de Montmorency, qui sceust joindre l'éclat des Vertus morales avec l'aneantissement de l'Evangile.* Le lendemain elle vit le Mauzolée, & l'ayant long-temps consideré, *Madame*, lui dit-elle, *je crois qu'aprés cet ouvrage, il n'y a plus rien à voir icy.* Avant que de partir, elle la pria de se souvenir d'elle, & de lui écrire : Et estant à Rome, elle témoigna un si grand empressement au Pere des Ursins Jesuite, Frere de la Duchesse, de recevoir des Lettres de sa Sœur, qu'elle ne manqua pas de donner à sa Majesté cette marque de respect & d'amitié, qu'elle lui avoit demandée.

Telle estoit la veneration que les Grands avoient pour Madame de Montmorency : Ils admiroient sa constance, qui est le seul bien que les malheurs n'avoient pû lui ravir, & qu'elle avoit toûjours conservée dans le renversement de sa fortune.

CHAPITRE XXVI.

La Duchesse prend le Voile, & fait Profession à la fin de l'année de Noviciat. Elle continüe de solliciter la Canonization de Saint François de Sales. .. Leurs Majestez & toute la Cour lui font l'honneur de la visiter.

LES affaires qui avoient empêché le dessein de Madame de Montmorency, estant finies au commencement du mois de Septembre de l'année mil six cens cinquante-sept, elle ne perdit pas un moment à l'executer. Elle écrivit au Pere de Lingendes, pour le prier de venir à Moulins la disposer à prendre le Voile; & elle entretint la Superieure en particulier, & lui demanda si elle la croyoit assez fidelle pour observer les régles, & si le monde n'avoit point laissé dans son cœur quelque reste de vanité qui l'éloignast de la vie Religieuse. Elle la conjura aussi d'assembler le Convent, pour demander les suffrages, afin qu'elle fust receuë en la maniere ordinaire.

Quand le Pere de Lingendes fut arrivé, elle se mit aussi-tôt sous sa direction, & fut huit jours dans les exercices. Il l'obligea d'écrire tous les sentimens que Dieu lui donneroit dans ses meditations ; & quelque repugnance qu'elle eust à se communiquer de la sorte, elle obéit, & exprima les pensées de sa retraite en des termes si forts & si touchans qu'on ne pouvoit les lire sans estre penetré du mesme esprit qui les avoit formées dans son ame.

Le jour de la Vesture estant pris à la Feste de S. Hierôme, elle pria que la ceremonie se fist sans bruit. Elle receut le Voile à six heures de matin, devant peu de personnes, de la main du grand Vicaire, que l'Evesque d'Autun avoit envoyé, par cequ'il estoit retenu lui-mesme à Paris, pour des affaires considerables. On exposa ce mesme jour, pour la premiere fois, les Reliques des Saints Martyrs, dont nous avons parlé ; & le Pere de Lingendes en fit le Panegyrique, loüant Madame de Montmorency d'achever ses bonnes œuvres par le sacrifice qu'elle faisoit de son cœur, comme de la victime la plus agreable qu'elle pût offrir à Dieu. La Princesse parut dans cette action avec tant de modestie, qu'elle tira les larmes des yeux de tous les assistans.

Quand elle fut revétuë de cét Habit, elle se crût obligée de redoubler sa ferveur & sa penitence ; & l'attention continuëlle qu'elle avoit sur elle-mesme, l'empêchoit de perdre la moindre occasion de pratiquer la vertu. Elle quitta sa chambre pour aller coucher dans une Cellule, où elle ne se servoit que d'une petite lampe. Elle obtint mesme qu'on retraissist son lit à la mesure des autres, & qu'on ne l'entouraft que d'une simple futaine, comme ceux des autres Religieuses ; & lors que ses infirmitez demandoient quelque soulagement, il falloit souvent l'obliger à le prendre par obéissance.

Dés le moment qu'elle eut le Voile, elle pria la Superieure de la dispenser des assemblées où l'on parloit des affaires de la Maison ; & un jour, comme on la pressoit d'y aller dire son avis, elle répondit *Que Dieu vouloit qu'elle fust au rang des Novices, & qu'on n'avoit pas besoin de ses conseils pour soûtenir les interests du Monastere.* Neantmoins elle ne resista pas à tout ce qu'on lui demanda pendant l'année de son Noviciat ; & la devotion qu'elle avoit à S. François de Sales, l'obligea d'écrire au Pape, comme elle avoit déja fait, pour obtenir la Canonization de ce grand Prélat. Sa Sainteté lui répondit avec beaucoup d'estime, & lui donna esperance de faire ce que tout l'Ordre de la Visitation souhaitoit ; & ayant receu d'elle une autre Lettre où elle lui marquoit la joye que le Mariage de son Neveu, lui avoit donnée, sa Sainteté la remercia de la maniere suivante.

MADAME & très-chere Fille en Nostre-Seigneur, Salut & Benediction Apostolique. Les conjouïssances que vous me faites dans vostre Lettre obligeante, sur le Mariage de mon Neveu Augustin Chygj, m'asseurent de la continüation de vostre civilité & de l'affection filiale que vous avez pour moy. En reconnoissannce j'entre dans les mesmes sentimens pour tout ce qui vous regarde, & je ne laisseray passer aucune occasion de vous en donner des marques. J'ay toûjours beaucoup estimé les rares qualitez de vostre esprit, & ie loüe infiniment la sagesse & le courage qui vous ont fait mépriser la vanité des choses du monde, pour embrasser la perfection de la vie Religieuse, dans l'Ordre des Reverendes Filles de la Visitation. C'est pourquoy ie vous prie instamment que dans ce lieu de retraite, que vous avez choisi, vous m'ob-

la D. de Montmorency.

m'obteniez de Dieu son secours pour vacquer aux soins & aux necessitez de son Eglise : Et moy, Madame, je vous souhaite reciproquement l'abondance des graces du Ciel, & vous donne d'un cœur veritablement paternel, aussi bien qu'à tout vostre Monastere, la Benediction Apostolique. Fait à Rome, à Sainte Marie Majeure, sous l'Anneau du Pecheur, le vingt-sixiéme Novembre mil six cens cinquante-huit, & de nostre Pontificat le quatriéme.

Estant à la fin de l'année de Noviciat, elle écrivit à l'Evesque d'Autun, pour le prier de venir à Moulins recevoir les Vœux de sa Profession. A quoy elle se disposa par les mesmes exercices qu'elle avoit faits avant que de prendre le Voile. Le Pere de Lingendes fut encore son Directeur, & l'assista dans son dernier sacrifice, avec le mesme zéle qu'il lui avoit témoigné dans sa Vèture, l'obligeant toûjours d'écrire les sentimens Chrétiens qu'elle auroit dans sa retraite. Ce qu'elle fit ; &

ses dernieres meditations ont esté conservées, comme nous verrons dans le Chapitre suivant.

Le jour de la Profession estant venu, elle parut à la ceremonie avec une ferveur admirable. Mesdames la Duchesse de Ventadour & la Princesse de Mexelbourg, alors Duchesse de Châtillon, estoient dans le Chœur, qui ne pouvoient retenir leurs larmes, & qui donnoient des marques publiques de la veneration qu'elles avoient pour la vertu de cette illustre Religieuse. Aprés la ceremonie, elle commença à vivre dans toute l'austerité de la Régle. Elle parut devant ces Dames avec une profonde humilité, & se tiroit modestement de leur conversation, quand son devoir l'appelloit ailleurs.

An 1659. Au commencement de l'année suivante, le Roy passant à Moulins, l'honora de sa visite. Quand sa Majesté fut entrée dans sa Cellule avec son Altesse Royale, & qu'elle y vit la mesme simplicité & la mesme pauvreté que dans celles des autres Religieuses, il ne pût s'empêcher de témoigner son étonnement à tous ceux qui l'accompagnoient ; & lors qu'il apprit qu'elle observoit les Régles de l'Ordre, sans aucune dispense, il la regarda avec une singuliere veneration.

La Reine accompagnée de plusieurs Princesses, lui fit aussi l'honneur de l'aller voir, une heure aprés son arrivée. Elle voulut d'abord l'entretenir en particulier ; & Madame de Montmorency s'estant assise à terre, sa Majesté la releva. Elle lui dit *Qu'il sembloit qu'elle ne s'estoit jamais assise en sa presence.* Et à la fin de la conversation, comme cette Princesse vit ses infirmitez, & l'éloignement qu'elle avoit pour tous les remedes qui estoient contre la Régle, *Vous nous apprenez bien*, lui dit-elle, *ce que Dieu demande de nous, par le mépris que vous faites de vostre vie.*

Son Altesse Royale Mademoiselle de Montpensier lui parla avec toutes les marques d'estime & d'affection, qu'elle lui a toûjours conservées.

Enfin toute la Cour demeura parfaitement édifiée de sa vertu ; & la Reine lui ayant promis sa protection, ajoûta ces paroles, devant le Roy, *Il n'est pas necessaire que je vous recommande de prier Dieu pour mon Fils, vous lui estes assez proche parente pour vous interesser à tout ce qui le touche.* Aprés quoy leurs Majestez la quitterent.

Tous les honneurs qu'avoit receu Madame de Montmorency, ne troublerent pas un moment la tranquilité de son ame, & elle conserva toûjours son recüeillement ordinaire. Ces visites lui donnerent occasion d'entretenir quelques fois les Religieuses de la vanité des grandeurs humaines ; & elle leur dit *Qu'elle ne sentoit jamais plus de douceur dans la vie retirée, que quand elle pensoit au bruit qui se trouve à la suite des Grands.*

Le soin principal qu'elle eut depuis sa Profession, fut de se perfectionner autant qu'elle pût, dans les Vœux qu'elle avoit faits ; & elle consideroit qu'ayant engagé à Dieu sa volonté, par l'obéissance, elle ne devoit suivre que l'ordre des Superieures, dont elle écoutoit les paroles comme celles de Jesus-Christ. Elle rendoit compte de son interieur à la Religieuse qui la dirigeoit, & la prioit de lui donner les moyens de corriger ses deffauts. S'il y avoit quelque occasion où elle ne fust pas de l'avis des Superieures, elle se jettoit à leurs genoux, & renonçoit d'abord à ses propres sentimens, pour s'attacher à celui des personnes que le Ciel avoit établies pour la conduire, parceque Dieu leur donne des connoissances que les autres n'ont pas. Aussi estoit-elle toûjours la premiere à leur obéir ; & si quelquefois on conseilloit aux autres certaines mortifications, cette Princesse les portoit à les recevoir avec humilité, pour donner à leurs compagnes l'exemple de vertu qu'elles leur devoient. Quand elle croyoit avoir fait quelque faute, elle en demandoit pardon publiquement, *pour reparer*, disoit-elle, *le scandale qu'elle avoit donné dans le Monastere.*

L'exactitude de son obéissance alloit au point que quand la cloche des Exercices la trouvoit ou à coudre ou à fermer quelque Lettre, elle laissoit l'éguille dans le linge, ou le papier à demy plié : Et l'heure de s'entretenir estant passée, elle coupoit le discours qu'elle avoit commencé, & mettoit le doigt sur sa bouche, pour marquer qu'on devoit garder le silence ; & il falloit un commandement exprés pour l'obliger à le rompre, dans les occasions où son avis estoit necessaire. Quoyque Madame de Chantal & toutes les Superieures lui eussent offert la permission generale de se dispenser des régles, quand elle le trouveroit à propos, elle ne la voulut iamais accepter, aimant mieux dépendre de leur volonté & avoir recours à elles, comme toutes les autres Religieuses, que d'en estre distinguée par une liberté qu'elles n'avoient pas.

Elle garda sur tout un respect inviolable pour ceux que Dieu a choisis pour gouverner l'Eglise ; & quand elle entendoit censurer leurs mœurs & leur conduite, elle détournoit toûjours le discours sur d'autres matieres & disoit *Que les Superieurs, quels qu'ils soient, sont l'Arbre de Science, & qu'il est deffendu d'y toucher, sous peine de la vie.* Elle mettoit toute son application à veiller sur elle-mesme, sans aller chercher dans le cœur des autres, pour avoir le plaisir d'y trouver des foiblesses. Elle sçavoit que Dieu s'est reservé à lui seul la connoissance de leurs pensées ; que les Hommes se trompent ordinairement dans leurs conjectures : Et si les choses estoient devenües si publiques que personne ne les pût ignorer, Alors bien loin d'écouter la joye maligne qu'on sent à voir les fautes des Superieurs découvertes, elle tâchoit de les excuser avec prudence, pour justifier leur intention. Et un jour, comme elle s'entretenoit là-dessus avec une Dame, aprés avoir dit plusieurs raisons contre la liberté qu'on se donne de parler mal des Prélats, elle ajoûta ces paroles, *Puis-*

que Dieu leur a remis sa puissance, qu'il les a faits nos Peres, & qu'ils sont chargez du salut de nostre ame, ne devons-nous pas par respect à la Majesté divine & par une reconnoissance filiale du soin qu'ils prennent de nous, conserver l'honneur qui leur est deub ? Et si nous méprisons, continüa-t-elle, *ces sacrez dépositaires de la Science & de la Misericorde de Dieu, où trouverons-nous la lumiere pour nous conduire, & la charité pour acquerir la vertu ?*

Elle se faisoit un plaisir de ces petits ouvrages que l'on donne aux Religieuses pour les occuper. Elle estoit exacte aux moindres exercices, & au lieu d'y trouver de la contrainte, elle asseuroit que les assujettissemens du monde lui avoient esté beaucoup plus penibles que n'estoient ceux de la Religion. Elle disoit quelques fois, *Qu'elle ne concevoit pas la difficulté qu'on pouvoit trouver à obéir aux Superieures, puisque le seul interest des Religieuses estant l'obéïssance, il leur devoit estre indifferend qu'on leur choisist une occupation.*

Les sentimens Chrétiens de cette Princesse n'estoient pas seulement utiles au Convent de Moulins, mais encore à plusieurs autres de son Ordre, qui la consultoient souvent sur divers points touchant l'observance des Régles. Elle répondoit avec un zéle & une clarté admirable ; & comme elle s'estoit remplie de l'esprit de son Institut, dans les entretiens qu'elle avoit eus avec la Fondatrice, elle le répandoit dans tous les Monasteres de la Visitation. Ce fut le mesme esprit qui anima ses paroles, quand elle parla à sa niéce de Ventadour & à Mesdemoiselles de Valencé, avant que d'entrer dans la Religion. Elle tâcha de leur bien faire connoistre l'état où elles se vouloient engager ; & les conjura sur tout, puisqu'elles vouloient renoncer au monde, de ne jamais penser à avoir des Abbayes. Quoyqu'elle connust la perfection de ces dignitez, elle sçavoit que la plusparc des personnes qui les cherchent, au lieu d'avoir pour motif leur propre vertu &

le soulagement des pauvres, ne songent qu'à entretenir leur déréglement & leur ambition. Elle ne se contenta pas de connoistre la vocation de ces Demoiselles, elle la fit encore examiner par un Religieux éclairé, afin de voir si elles estoient veritablement appellées. Elle les pria en particulier de prendre garde de ne se pas tromper dans leur choix, & sur tout de n'avoir aucune complaisance pour elle dans cette occasion, qui estoit si importante pour leur salut. Elle leur expliquoit les devoirs de la vie Religieuse, pour leur montrer les difficultez de l'obéissance, & les peines qu'on a de se vaincre. Enfin, au lieu de se servir de plusieurs artifices, comme il arrive quelques fois, & d'éblouïr de belles promesses les ieunes Filles, pour les retenir dans la Religion, & les sacrifier à l'avarice de leurs parens, elle les exhortoit à prier Dieu, pour bien connoistre sa volonté, leur promettant, si elles vouloient, de menager les moyens de les mettre dans le monde,

CHAPITRE XXVII.

La retraite de huit jours de Madame de Montmorency, pour se préparer à la Profession.

Quoyque la vie de Madame de Montmorency ne fust qu'une continuëlle meditation, & qu'elle découvrist Dieu dans toutes les creatures, neantmoins elle prenoit tous les iours un temps pour l'Oraison, outre celui de la Régle. Elle disoit que c'estoit là que parmy les transports l'ame tenoit son Epoux lié par la force de son amour, & que ne connoissant que lui, & s'oubliant elle-mesme, elle tomboit dans ces langueurs mysterieuses, où le cœur allumé du feu divin, exprime ses sentimens d'une maniere qu'on ne peut imaginer ny comprendre.

Le sujet ordinaire de ses meditations estoit le peu de soin qu'elle avoit eu de son salut. Ce qui lui donnoit un nouveau mépris d'elle-mesme, & comme elle disoit, *une horreur extrême de sa vie passée.* Elle n'estoit pas conduite par les douceurs sensibles, quoyqu'on l'ait trouvée quelquefois les yeux pleins de larmes ; mais elle suivoit les lumieres de la Foy, & tiroit des resolutions Chrêtiennes qu'elle pratiquoit sans s'arrêter à de vaines speculations & à des actes éloignez, qui ne remplissent le cœur que d'une vertu chimerique. A proportion qu'elle avançoit dans la penitence, le divin Esprit rendoit son Oraison plus simple. Il l'élevoit insensiblement à un état parfait, & il l'attachoit à lui par la seule application de toute son ame, sans lui permettre aucune reflexion sur elle-mesme. Elle n'avoit plus besoin de multiplier les actes pour entretenir l'union avec Dieu, mais toutes ses puissances estant ramassées dans lui, elle le possedoit sans peine, & ne faisoit que se laisser aller aux impressions de la grace.

On l'a veuë quelquefois, comme nous avons dit, les yeux pleins de larmes. Une Religieuse qui l'alla appeller pour le Parloir, la trouva dans ces consolations spirituelles ; & s'estant mise quelque temps à genoux, à côté d'elle, elle se retira sans estre veuë & sans oser troubler le repos de son ame. Et comme une autre fois une personne la surprit dans le mesme état, au sortir de la Communion, & qu'elle lui dit que son cœur n'estoit pas si dur pour Dieu, qu'elle le vouloit persuader, la Duchesse répondit les paroles de l'Ecriture, *Que la pierre frapée de la verge, avoit donné quelques gouttes d'eau.*

Elle disoit aussi que les douleurs contribuoient à l'union avec Dieu. C'estoient les paroles de la Mere de Chantal, qu'elle donna à mediter à une Religieuse, afin qu'elle apprit de la bouche d'une Sainte, qu'icy bas sur la terre, il n'y avoit point d'amour solide, s'il n'estoit soûtenu par la Croix ; & cet amour eſtoit la fin de toutes ſes meditations, comme nous allons voir dans celles qui la preparerent à ſes Vœux, & dont nous avons tiré ces paroles.

Meditation de la Creation.

Je conſiderois le neant comme un abîme infiny, couvert de tenebres impenetrables, où Dieu eſtoit deſcendu par ſa puiſſance, afin de m'en tirer & de me donner la vie de la nature & celle de la grace. Je me repreſentois la Majeſté de ce Dieu occupé à me diſtinguer dans ce neant, à marquer le temps & le lieu de ma creation, & à me préparer les differends états où il me vouloit mettre, & les moyens de m'y ſanctifier. Un Dieu infiny, plein de gloire, occupé aprés une malheureuſe creature, me tenoit dans un étonnement profond; & par un triſte retour ſur moy-meſme, examinant ſes faveurs, je repaſſois dans ma memoire, le mauvais usage que j'en avois fait. Ce qui me donna de la confusion & le dessein de reparer mon ingratitude. En cet endroit l'imagination s'échapant pour quelques momens, me remena dans le monde, pour en considerer les grandeurs. Est-il possible que la Majesté des Roys, & que ces Armées nombreuses, qui couvrent la terre & qui portent par tout la terreur & la desolation, soient sorties du neant ? O Dieu ! il n'y a que vous seul qui soyez l'Estre tout-puissant, & qui meritiez nostre admiration & nostre amour.

Meditation de l'état Religieux.

Dans ma deuxiéme meditation je consideray le bonheur de l'état Religieux, & la douceur que l'on goûte dans l'éloignement du monde. Je me representois le Monastere comme le Paradis de la terre, où chacun s'applique à augmenter la gloire de Dieu. L'un y pleure ses pechez, l'autre chante les loüanges du Tout-puissant. Celle-cy passe sa vie au soulagement des malades, & celle-là élevant les mains au Ciel, arrête la Justice de Dieu. Les unes vivent dans l'aneantissement de l'humilité & dans les flâmes de l'amour divin ; & les autres ayant oublié les creatures, ne sont penetrées que des sentimens de l'éternité. Cette peinture me donnoit un plaisir interieur, que je ne puis exprimer. Je pensois que c'estoit dans un lieu si saint où je devois trouver Dieu, qui parleroit à mon cœur par ses mouvemens, qui soûtiendroit ma foiblesse par les bons exemples, & qui me conduiroit à la sainteté par les instructions de mes Superieures. Quelle grace pour moy, mon Dieu ! Le faux éclat du monde & l'application à la vanité, m'ont tenuë dans un long aveuglement ; mais à present y a-t-il quelques creatures qui me puissent éloigner de vous ? je ne les défie pas, mon Dieu, comme faisoit vostre Apôtre, je connois mes foiblesses, mais j'ay une entiere

con-

confiance à voſtre bonté, & comme je me ſens dans la reſolution d'eſtre fidelle à tout ce qui regarde mon état, j'eſpere que vous continuërez ſur moy voſtre miſericorde, & que vous me conſerverez les meſmes ſentimens que vous m'avez donnez.

Meditation du Peché.

Avant que de paſſer à la conſideration du peché, je demanday à Dieu de me découvrir l'état où j'eſtois autrefois. Je rappellay ma vie mondaine, & quoyqu'elle ne fuſt pas remplie de grands deſordres, j'y voyois neantmoins beaucoup d'inſenſibilité pour les choſes divines, & mon cœur corrompu par mille objets d'ambition, formoit alors des ſentimens bien oppoſez au ſalut. Enſuite je conſideray le peché en lui-meſme, combien il nous éloigne de Dieu, en nous mettant dans l'état des damnez, dont la plus cruelle peine eſt cet éloignement éternel. Je tremblois à la veuë de mes infidelitez, Combien d'inspirations méprisées, de saints mouvemens negligez, combien de fois les Sacremens rendus peut-estre inutiles, combien de bons avis oubliez, & de resolutions avortées! Vous voyez, mon Dieu, comme ie raconte mes malheurs. Qu'avez-vous fait pour m'en tirer? J'estois indigne de vostre misericorde; & si quelques fois ie servois le prochain, ce n'estoit qu'avec une charité apparente, & ie songeois bien moins à vous plaire, qu'à flater secretement mon orgueil, pensant que j'élevois des gens qui viendroient s'abaisser devant moy, & me reconnoistre pour la cause de leur fortune.

Meditation de la Mort.

J'ay commencé la meditation de la mort par ces paroles de l'Apocalypse, qu'il n'y aura plus de temps, & qu'il faudra sortir du monde. Cette cruelle separation & l'incertitude de mon état dans l'autre vie, m'ont donné une extrême terreur. Je me representois à mon dernier moment, environnée des douleurs de la mort, confiderant que le monde alloit finir pour moy, & que toutes les creatures, comme autant de phantômes, s'évanouïssoient comme un songe. Je me dépeignois l'empressement qu'on auroit à lever mon corps pour le cacher dans la terre. On ne pensera plus à moy, disois-ie, & mon ame passera dans son dernier état pour l'éternité. De quelle frayeur ay-ie esté saisie, à la veuë de cette ame défolée, sans appuy & sans consolation, qui entre seule dans une affreuse solitude, dans une region inconnuë, où elle ne trouve qu'un Dieu irrité, qu'un jugement severe, que les Démons pleins de rage, & que l'enfer qui la doit engloutir ! Tous ces objets éfroyables m'ont renduë quelque temps immobile, puis laissant aller mon imagination sur l'illusion des choses humaines, ie suis descenduë en esprit dans les tombeaux de ces Hommes fameux, qui ont esté les maistres du monde, pour voir ce qu'ils deviennent en l'autre vie, où la vanité n'a point de part, & où la lumiere éternelle découvre le prix des actions qu'ils ont faites; & j'ay trouvé qu'il ne leur reste de leur gloire passée, qu'un vain phantôme d'honneur qui reside dans l'esprit des peuples, & que le temps acheve tous les jours de détruire. L'état funeste où la mort reduit tous les Hommes, m'a donné un grand détachement de la terre, & une solide resolution de ne chercher qu'en Dieu la veritable felicité.

Meditation sur le Iugement.

Le Jugement fut le sujet de ma suivante meditation. Je consideray les signes affreux qui paroistront dans le Soleil & dans les Etoiles, le bruit épouvantable des mers, les Elemens embrasez, la dissolution des Cieux &

de la Terre, & la consternation generale de tous les peuples du monde. Je me dépeignois, au travers de tous ces objets d'horreur, les morts qui sortent des tombeaux, Jesus-Christ allumé de colere, qui descend sur les nuës, précedé de sa Croix, couvert de playes & de sang, & accompagné de tous les Anges, qui vient ouvrir les consciences, pour condamner ces fausses bonnes œuvres & cette infinité de pechez qui ont remply la vie presque de tous les Hommes. Quelle frayeur de voir la severité de ce Dieu, & l'éternité des supplices ! Qui mettra dans mes yeux des fontaines de larmes pour éteindre les feux éternels ? O Croix, vous qui estes le signe de paix & de salut, deviendrez-vous alors le poids éfroyable de la Justice divine ? Est-il possible que la Misericorde soit la mesure de nos tourmens, & que le Dieu de consolation nous accable de peine & de desespoir ?

Meditation de la converſion à Dieu.

Ces conſiderations m'ont donné le deſſein de me convertir. Je remerciois Dieu de me faire connoiſtre mes erreurs paſſées, & de me faire entrer dans l'état Religieux, où je tâcherois de me ſanctifier par la penitence. Ma reſolution fut de m'appliquer à certaines bonnes œuvres que je marquois en moy-meſme; mais ſur tout d'eſtre fidelle aux Vœux où je m'allois engager.

Meditation de la Pauvreté.

Je meditay les avantages de la pauvreté, non ſeulement de cette pauvreté d'eſprit, qui nous fait renoncer à nos ſentimens, mais de celle qui nous détache des biens de la terre. J'ay eſté autrefois bien peu ſenſible à cette verité. J'aimois les richeſſes comme l'appuy de mes grandeurs, & l'abondance soûtenoit l'éclat de ma fortune. Cependant combien d'inquietudes m'a donné la conservation de cette fortune ! Vous me l'avez ôtée, mon Dieu, mais je possede tout, en vous possedant vous-mesme.

―――――――――

Meditation de la Chasteté.

Quel est le bonheur d'une Fille qui s'est consacrée à Dieu dés sa jeunesse, sans engager son affection à personne, ny ses soins à la conduite d'une famille ! Les applications aux choses temporelles, font oublier Dieu d'autant plus facilement qu'on les croit legitimes, & on se voit obligée de se conformer aux sentimens d'un Homme, & d'entrer dans ses interests. Voila l'occupation de ma vie passée. Cette reflexion m'aneantit devant Dieu, & j'eus de la confusion de ne lui donner qu'un reste d'esprit & de corps, indigne de porter l'Habit sacré que j'allois prendre.

Meditation de l'Obéissance.

Les paroles de S. Paul, que Jesus-Christ a esté obéissant jusqu'à la mort de la Croix, m'ont conduite dans la meditation de l'obéissance, qui est le détachement de nos desirs, & l'anéantissement de l'amour propre. Il me sembla d'abord que la pratique de cette vertu me seroit difficile, à moy qui contentois mes inclinations depuis tant d'années, & qui avois encore le mesme penchant à les suivre. Cependant, comme le Vœu d'obéissance nous soûmet à Dieu, d'une façon particuliere, je sentis une joye secrete de m'engager dans un état si saint, & dans l'heureuse necessité de ne rien faire que pour sa gloire.

Meditation de l'Amour de Dieu.

Quelle douleur n'eus-je pas de sentir en moy-mesme si peu d'amour pour Dieu! Cependant c'est lui qui a fait le monde & tout ce qui le compose, qui maintient l'ordre & l'harmonie de l'Univers, dans le mouvement de toute la nature. Il nous donne la vie & les biens du corps, de l'esprit & de la fortune. Ses graces nous élevent à un état surnaturel. Il nous éclaire dans nos erreurs, & nous tire de nos desordres. Quels maux sa providence ne détourne-t-elle pas de nos testes, en nous mettant sous la garde de ses Anges, pour nous deffendre de nos ennemis? Enfin ce Dieu est mort pour nostre salut. Quelle confusion pour moy, mon Dieu, d'estre si peu touchée de vos faveurs! Vous voulez que je vous aime, & vous me menacez d'un châtiment éternel, si je resiste à vostre parole, & neantmoins tous vos biens & toutes vos menaces, quelques terribles qu'elles soient, ne peuvent me tirer de mon ingratitude; & ce qui m'accable de honte, c'est que vous ne me demandez ny ma vie ny de grandes austeritez, mais seulement mon cœur & mon amour, sans que vous puissiez l'obtenir. Alors j'ay pensé au bonheur qu'il y a d'aimer Dieu, aux transports, aux mouvemens, aux elevations & aux langueurs de l'amour divin, qui nous console dans nos afflictions, & qui nous fait trouver des douceurs dans nos larmes. O amour de Dieu, qui allumez le cœur des Anges, donnez-moy les sentimens que doit avoir une malheureuse pecheresse qui commence à devenir sensible aux bienfaits dont vous l'avez accablée !

Meditation de l'amour du prochain.

Comme j'estois persuadée que ie n'avois pas aimé Dieu, ie n'eus pas de peine de m'avoüer à moy-mesme mon indifference pour le prochain. Quand on l'aime, on souffre ses deffauts, on compatit à sa foiblesse, on prend part à ses afflictions, & on le console dans ses douleurs ; on tache de le tirer de l'oppreſſion de ſes ennemis, on l'éclaire de ſes conſeils, on l'aſſiſte de ſes biens, on ſe réjoüit de ſa proſperité, on modere ſes inquietudes, & on remet la tranquilité dans ſon ame. Conſiderant combien j'eſtois éloignée de cette conduite, j'avois de la douleur en moy-meſme, ſur tout quand ie penſois à la peine que j'ay donnée autrefois aux perſonnes qui me ſervoient. Combien de chagrin ont-elles eu de ma delicateſſe, de mes affectations & de mes impatiences ! Il eſt vray que j'ay fait quelques aumônes, mais eſtoit-ce pour l'amour de vous, mon Dieu, ou plûtôt par inclination naturelle, par bienſéance ou par oſtentation ? Quelque empreſſement que ie fiſſe paroiſtre au dehors pour ſoulager les malheureux, n'avois-ie point au fond du cœur l'amour propre, qui me promettoit ſecretement une grande reputation dans le monde, & qui me donnoit à meſme temps de la complaiſance pour ma vertu ? O mon Dieu, détournez vos yeux de mes foiblesses, n'entrez pas en iugement avec moy, mais gravez dans mon esprit ces paroles, *Que le bien que l'on fait aux autres, c'est à vous-mesme à qui on le fait*, afin qu'à l'avenir mes soins reparent en quelque maniere, l'indifference que j'ay euë pour le prochain.

Meditation de l'union avec Dieu, dans l'état de la Gloire.

Je commençay avec beaucoup de douceur, la meditation de l'union de l'ame avec Dieu, dans l'état de la gloire. La pensée de cet état éloigné de tous les maux, me combloit de plaisirs. Il n'y aura plus d'erreur ny d'aveuglement, plus de trouble, plus d'inquietude, plus de mauvais desirs, plus de crainte ny d'agitation. Enfin, mon Dieu, *l'hyver sera passé, la pluye finie*, les larmes seront appaisées, & les douleurs adoucies. *Dans cette terre heureuse*, on ne trouvera que des douceurs; l'amour divin embrasant les puissances de l'ame, la tiendra, pour son Epoux, dans des transports & des langueurs éternelles. O ame sans tache, épouse fidelle, je suis touchée de tes ardeurs, *viens pour estre couronnée*, entre dans la possession de mon amour & de ma gloire ! *Tu as percé mon cœur, ame sainte, tu es toute belle, tes yeux sont pleins de douceur, ta bouche distille le miel, & il n'y a que du laict dans tes paroles.* O mon bien aimé, est-ce vous que j'ay cherché pendant tant d'années, est-ce vous que je demandois, avec des torrens de pleurs, à toutes les creatures ? Au lieu de me répondre, *elles me maltraitoient & me laissoient courir par toute la Ville*, sans me dire où vous estiez. *Enfin je vous ay trouvé, je vous tiens, & je ne vous quitteray jamais.* Jamais ! ô mon ame, quelle felicité de posseder ton Dieu, & de le voir, pour toy plein d'amour, te combler de bonheur & de gloire ! Aprés avoir passé quelque temps dans ces divers mouvevens que m'avoient fourny les paroles du Cantique, je pensay que l'esperance de cette union avec Dieu, devroit bien adoucir nos maux presens, puisque ce sont les voyes qui nous y conduisent; & puis retombant insensiblement dans la consideration de cet état glorieux, ie rentray dans mes premiers sentimens, & ie me trouvay dans la pure contemplation de la gloire, avec une simplicité & une quietude que ie ne puis exprimer. Cette maniere de sommeil fut suivie de quelques larmes. Ensuite ie consideray l'engagement que j'allois prendre dans l'Ordre de la Visitation, & ie vis que cet état pouvoit estre pour moy un Paradis avancé, puisqu'on y trouvoit une continuëlle application à la priere, la charité pour le prochain, l'union de cœur avec Dieu, une grande pauvreté, une solide humilité, la simplicité Chrêtienne, & un veritable détachement du monde. Je demanday au Ciel la grace d'acquerir ces vertus, pour pouvoir éfacer les crimes de ma vie passée.

Aprés que Madame de Montmorency eut achevé sa retraite, elle fit les Vœux, & la suite de sa vie ne fut qu'une meditation continüelle. Elle passoit facilement des affaires, à Dieu, à qui elle estoit si unie qu'elle avoit presque perdu le souvenir de Monsieur de Montmorency. Aussi un jour qu'on lui presenta son Portrait, elle ferma les yeux sans rien dire, & tourna interieurement son cœur vers la Croix, où elle avoit sacrifié toutes ses douleurs.

CHAPITRE XXVIII.

Continuation de la conduite chrétienne de la Duchesse dans le Monastere ; & l'attachement qu'elle avoit à l'exercice de quelques vertus.

Les grandes aumônes qu'avoit fait Madame de Montmorency, l'avoient tellement accoûtumée à aimer la pauvreté, que dés le moment qu'elle eut pris le Voile, elle vécut dans le dénûment de toutes sortes de biens; & comme il lui restoit encore quelque argent, elle le remit entre les mains de la Superieure, pour en disposer elle-mesme, & lui dit qu'elle n'avoit plus que son cœur, qu'elle tâcheroit de donner à Dieu. Elle se défit, aprés sa Profession, de tout ce qu'elle crût avoir de superflû ; & comme elle n'avoit pas la force de chanter l'Office, elle rendit le Livre, & demanda permission de garder seulement un Pseautier qu'elle disoit pour les Religieuses qui estoient mortes.

Elle se défit aussi de quelques Portraits en miniature, de ses parens, après avoir brûlé plusieurs Lettres de Monsieur de Montmorency, afin de ne rien conserver où son cœur pûst avoir de l'attachement ; & elle refusa tous les presens qu'on lui offroit, de peur de prendre quelque chose de trop riche pour une Religieuse. Elle avoit une grace particuliere pour exciter les autres au détachement des creatures, & ses raisons paroissoient si fortes à ceux qui l'écoûtoient, qu'elle n'eut presque iamais là-dessus d'entretiens inutiles. Sa vertu estoit si épurée, qu'elle ne pouvoit souffrir mesme les inclinations les plus legitimes ; & remarquant qu'une Religieuse l'aimoit d'une amitié singuliere, elle se mit en sa presence, à genoux devant un Crucifix, & la pria de rompre cet attachement & de retirer fon cœur pour le donner tout entier à Jesus-Christ. Elle lui disoit que le Démon estoit si adroit qu'il faisoit souvent glisser l'amour propre dans les liaisons les plus saintes, & qu'il falloit prendre garde mesme, dans les exercices de vertu, d'en aimer un plus que l'autre, de peur que l'inclination naturelle qui nous porteroit à celui-là, ne diminüast le merite que nous aurions à le pratiquer.

Ce fut avec le mesme esprit de détachement, qu'elle consola une personne affligée de ne pas recevoir des biens qu'elle croyoit meriter. *Vous demandez trop*, lui dit-elle, *des Hommes, qui donnent peu. Si vous ouvrez vostre cœur à Dieu, vous en recevrez plus que vous ne sçauriez attendre. Croyez-moy, Dieu nous suffit; & si nous sommes pauvres, ce n'est pas par les biens qui nous manquent, mais par les graces que nous refusons, qui ne nous manquent jamais.*

Les sentimens de cette Princesse estoient toûjours également saints, parcequ'ils estoient toûjours soûtenus de la foy. Elle estoit si persuadée des veritez éternelles, qu'elle ne trouvoit jamais rien de difficile à croire; & un jour qu'on lui parloit de la resurrection des morts, & qu'on s'étonnoit qu'une ame connust encore son corps, qui depuis plusieurs siecles avoit passé sous une infinité de formes differentes, elle répondit *que Dieu qui l'avoit tiré du neant, avoit une égale puissance pour le conserver.* Elle fuyoit la conversation des personnes qui vouloient introduire de nouvelles doctrines, ou qui se piquoient de subtiliser sur la Foy; & se rencontrant par hasard avec un Homme qui raisonnoit trop sur les Mysteres, elle dit *que quand on croyoit que Dieu est ce qu'il est en effet, on croyoit aussi ne pouvoir connoistre rien de ce qu'il est.* Et dans la suite de l'entretien, elle demanda comment on vouloit penetrer dans les abîmes de la Sagesse divine, puisqu'on ne connoissoit rien avec certitude, mesme dans les choses naturelles. Elle se

La foy de la Princesse.

V ij

servoit de ces reflexions envers ces sortes d'esprits, qui éclairez de fausses lumieres, vouloient approfondir les Mysteres de la Religion. Leur orgueil lui paroissoit insupportable, & de quelque qualité que fussent ces personnes, elle avoit de la peine à les écouter : Neantmoins elle les laissoit parler quelquefois, pour voir jusqu'où pourroit aller leur égarement, & elle leur répondoit ensuite, avec un air de douceur, *que Dieu avoit toûjours caché ses veritez aux Philosophes, & qu'il ne les reveloit qu'à ceux qui avoient le cœur humble.* Leur voulant faire entendre par ces paroles, qu'ils avoient besoin d'humilité pour changer de raisonnement.

Sa devotion a l'Eucharistie.

La Foy qui l'attachoit également à tous les Mysteres, lui donnoit une devotion particuliere pour celui de l'Eucharistie, qu'elle regardoit comme la plus grande consolation des Chrêtiens & des affligez, qui devoient avoir un soulagement extrême, dans la pensée que Dieu estoit demeuré sur la terre pour appaiser leur douleur. Elle appelloit ce Sacrement, *le dernier trait de l'Amour divin.* Et un jour qu'elle voulut expliquer ces paroles à quelques Religieuses, elle leur dit que l'amour avoit toûjours conduit le Verbe, dés le moment qu'il s'estoit incarné ; que s'estoit pour cela qu'au sortir du sein de son Pere, il l'avoit couvert du voile du corps ; que sur la Croix où il paroissoit criminel, il l'avoit couvert du voile de sang, & que dans l'Hostie il l'avoit voilé des especes sacramentelles, ajoûtant qu'*en cela il sembloit y avoir qulque rapport de l'Amour divin à l'Amour prophane qui jette un bandeau sur les yeux de ceux qu'il engage.*

Elle avoit aussi une veneration particuliere pour le jour de l'Epiphanie, parcequ'elle y receut une grace extraordinaire, qu'on croit estre celle de sa détermination à la vie Religieuse. En effet, comme une fois elle parloit de ce jour avec transport, elle finit son discours par les paroles des Mages, *enfin nous avons vû son Etoille dans l'Orient, & nous sommes venu l'adorer.*

Quoyqu'elle fust continuëllement dans l'exercice des Vertus Chrêtiennes, neantmoins Dieu ne lui faisoit pas sentir les douceurs qu'il donne quelquefois à ceux qui commencent à s'engager dans la voye de la perfection ; mais elle marchoit dans la simplicité, & s'occupoit toûjours des veritez éternelles. Elle avoit beaucoup de confiance à la Misericorde divine, qui l'empêchoit de se tourmenter par des reflexions trop exactes sur sa maniere de vivre, & par les peines d'esprit qu'elle avoit euës autrefois. Elle encourageoit celles qui craignoient toûjours de se mal acquitter de leur devoir, les exhortant de se contenter de faire le bien & de demander pardon à Dieu de leurs imperfections. Et un jour, dans un entretien avec une Dame inquietée de scrupules, elle dit „Que quel-
„ques saintes que fussent nos ac-
„tions, comme elles venoient des
„creatures, il y avoit toûjours quel-

,, que mêlange de defaut ; mais qu'-
,, au lieu de nous en plaindre, nous
,, devions au contraire en tirer un
,, nouveau sujet d'humilité, puisque
,, nous ne pouvions rien entrepren-
,, dre de saint, sans y laisser des mar-
,, ques de nostre foiblesse.

Elle remit aussi l'esprit d'une Religieuse qui, après lui avoir découvert le fond de son ame, lui dit, les larmes aux yeux, que quelque chose qu'elle fît, son cœur estoit si dur pour Dieu, qu'elle n'avoit aucun goût à son service. Cette Princesse tâcha de fortifier sa vertu, & l'exhorta de perseverer dans les exercices de la Religion, sans demander au Ciel aucun plaisir interieur. Elle lui persuada ,, Que le desir de ces dou-
,, ceurs estoit un effet de l'amour
,, propre, & qu'on ne pouvoit estre
,, sans consolation, quand Dieu nous
,, donnoit quelques marques de nous
,, conserver en sa grace. *Il faut servir Dieu*, continüa-t-elle, *parcequ'il le merite, & non parcequ'il nous console; & dans la pratique de la vertu, on ne*

doit avoir que la volonté de lui plaire, fans que l'ame fouhaite le moindre plaifir en ce qu'elle fait. Elle dit „Que les „ confolations eftoient, en quelque „ maniere, une partie de noftre re-„ compenfe; Qu'on témoignoit à „ Dieu un amour plus pur & plus „ élevé, quand on le fervoit pour „ lui-mefme, fans aucun plaifir fenfi-„ ble & dans la fechereffe de cœur, „ que quand on fentoit des douceurs „ interieures & qu'on verfoit des lar-„ mes pendant les meditations : Que „ neantmoins on devoit recevoir ces „ graces, quand il plaifoit au Ciel de „ nous les donner; mais qu'il les fal-„ loit eftimer fans attachement & „ fans rapport à nous-mefmes, & „ feulement parceque c'eftoient des „ prefens celeftes, qui à cet égard „ nous devoient toûjours eftre pré-„ cieux. Elle ajoûta que ces confo-„ lations eftoient fouvent dangereu-„ fes, & qu'il eftoit bien difficile que „ l'ame ne fe laiffaft aller à ces lar-„ mes de devotion, & qu'elle ne „ penfaft quelques fois qu'elle eftoit

„ agreable à Dieu. Ce qui produi-
„ foit ordinairement en elle de la
„ langueur pour les choses divines,
„ & de la negligence à s'avancer
„ dans la perfection. Toutes ces pensées lui faisoient mener une vie simple, sans neantmoins oublier aucun soin de plaire à Dieu dans tout ce qu'elle entreprenoit ; & elle appelloit les scrupules qui la tourmentoient autrefois, *une adresse du Démon pour éloigner les fidelles de la vertu.*

Ce qui contribuoit beaucoup à la sienne, estoit la presence de Dieu, qu'elle croyoit toûjours voir comme témoin de ses actions. Elle conseilloit la mesme chose à toutes les personnes qui aspiroient à la sainteté, parcequ'il n'estoit pas possible qu'ayant toûjours Dieu present, on se pût resoudre à l'offenser. Elle redoubloit cét exercice les jours de Communion, dont elle s'approchoit avec une attention si profonde que souvent elle ne voyoit rien de ce qu'on faisoit auprés d'elle. Son exemple & ses paroles portoient tout le

La presence de Dieu.

monde à ce divin Sacrement, qu'elle appelloit *la source de lumiere & de misericorde, & le tresor commun de Dieu & des Hommes.* Et un jour, dans un entretien avec une Dame vertueuse qui s'en éloignoit, de peur de n'estre pas assez disposée pour le recevoir, elle dit que si elle attendoit d'avoir toute la vertu necessaire, elle ne communieroit jamais, & qu'une bonne Communion estoit la principale disposition pour en faire une seconde avec plus de fruit.

Elle invoquoit chaque jour la Mere de Dieu, à qui dés son enfance elle avoit eu beaucoup de devotion, lui dressant dés ce temps-là une petite Chappelle, où elle mettoit à l'orner tout l'argent qu'on lui donnoit : Et depuis qu'elle se fust retirée dans le Convent de la Visitation, elle honora particulierement S. François de Sales, & étendit cet honneur à Madame de Chantal, qu'elle croyoit dans le Ciel.

Son esperance.

Toutes ces devotions produisoient en elle une entiere esperance à la

Misericorde divine. Cette vertu lui paroissoit aisée, parcequ'elle répond à tous nos besoins, & qu'elle adoucit toutes nos peines. Elle dit que s'il s'agissoit des biens temporels, elle nous fait regarder Dieu comme nostre Pere, qui veut soulager nos necessitez : Et qu'à l'égard des biens éternels, c'estoit l'ancre dont parle S. Paul, qui nous tient le cœur ferme au milieu des tempestes du monde. C'est par l'esperance qu'elle regardoit tous les maux sans les craindre ; & si les biens du Monastere perissoient par des accidens imprévûs des saisons, ou par les débordemens des rivieres, elle exhortoit les Religieuses à supporter ces pertes avec patience, disant *que le plus grand mal qui soit en nos disgraces, est de nous en laisser vaincre.*

La douceur qu'elle conservoit pour tout le monde, paroissoit dans le Convent, où elle avoit une complaisance extrême pour toutes les Religieuses. Elle s'accommodoit facilement à leur humeur, & les en-

Sa douceur.

tretenoit de ce qui eſtoit proportionné à leur connoiſſance. Elle en viſitoit une qui avoit un mal incurable ; & comme elle vit que les carreſſes la conſoloient, elle lui en faiſoit ſouvent, & touchoit ſon mal pour la ſoulager. Quand elle eſtoit malade, elle prioit celle qui la gardoit, de laiſſer entrer dans ſa chambre toutes les Religieuſes qui lui alloient demander conſeil. Elle ſouffroit volontiers leur converſation, pourvû qu'elle leur pûſt inſpirer de bons ſentimens. Ce qu'elle faiſoit toûjours en tirant inſenſiblement le diſcours ſur des matieres ſaintes, dont elle parloit avec beaucoup de plaiſir. Sa charité agiſſoit dans les occaſions où il falloit adoucir l'aigreur qu'elle trouvoit quelquefois dans l'eſprit de ceux qui l'approchoient. Comme une perſonne pouſſée d'un zéle indiſcret, la pria d'en faire punir une autre pour une faute qu'elle exageroit, au lieu d'entrer dans ſa paſſion, elle tâcha de l'appaiſer, & l'exhorta à quitter ſon emportement contre celui qu'elle pretendoit l'avoir offensée : Mais voyant que tous ses efforts ne faisoient que l'irriter d'avantage, *Je suis longtemps avant que de condamner*, lui dit-elle ; *& comme j'ay grand besoin de misericorde, je la souhaite pour tout le monde.* Cet Homme aigry de ces paroles, s'échappa à répondre d'une maniere insolente. Elle le souffrit tranquilement, & lui dit *qu'elle n'avoit pas assez de lumiere pour connoistre la grièveté de la faute dont il lui parloit, ny assez de prudence pour la punir.*

Cette conduite montroit en elle une grande inclination à excuser les deffauts de son prochain. Elle avoit toûjours des raisons pour le justifier, & rejettoit la malice de l'action sur la surprise de celui qui l'avoit faite, ou sur la fragilité naturelle. Elle empêchoit les médisances, parcequ'elles sont ordinairement fausses. Elle estoit persuadée que nous parlions d'autruy, plûtôt selon qu'il nous plaisoit, ou qu'il nous estoit desagreable, que suivant ce qu'il estoit en effet : Et elle asseuroit avoir autrefois remarqué dans le monde, que l'on médifoit tout differemment de la mefme perfonne, & que fouvent ceux qui en parloient mal, ne pouvoient convenir de fes deffauts. Son plus grand foin eſtoit de publier les fiens & de cacher fes perfections. Auſſi elle parloit fimplement, & fuyoit mefme jufques dans fes Lettres, les termes choifis, pour ne conferver aucun reſte du monde. Elle évitoit en compagnie de faire paroiſtre la vivacité de fon efprit, s'abſtenant de tous les traits agreables qui lui venoient en penſée; & un jour, comme elle fe trouva avec une Dame qui l'eſtoit allé vifiter, fur la grande reputation qu'elle avoit dans la Province, elle l'entretint de difcours fi communs, que cette Dame, aprés l'avoir quittée, dit qu'elle ne comprenoit pas quel grand genie on pouvoit trouver en cette Princeſſe. Cependant elle avoit acquis, par le moyen de la Langue Latine, beaucoup de connoiſſances dans la Theologie, comme des perfonnes fçavanres remarquoient souvent dans les paroles qu'elle laissoit échapper sans y penser ; & neantmoins au lieu de soûtenir la conversation par des choses relevées, elle ne demandoit que des instructions pour sa conduite, & cachoit toutes ses lumieres sous le voile de l'humilité.

CHAPITRE XXIX.

Les sentimens d'humilité de Madame de Montmorency, tirez de ses actions & de ses paroles.

Quoyque la vie de la Duchesse ne fust qu'un exercice continüel des Vertus Chrêtiennes, cependant elle regardoit l'humilité, comme le fondement de la perfection. Aussi le Pere de Lingendes disoit que personne n'avoit jamais mieux connu son neant, que cette Princesse. Elle vouloit persuader qu'elle ne passoit pas dans le monde pour avoir de l'esprit ; mais comme elle remarqua que ses paroles, au lieu de produire ce qu'elle souhaitoit, ne faisoient au contraire que donner à ceux qui l'écoutoient, une nouvelle estime pour sa modestie, elle ne parla plus de ses deffauts, esperant que

le

le silence leur feroit oublier les bons sentimens qu'ils avoient pour sa vertu. Jamais aucun discours de sa fortune & de tous les avantages qu'elle avoit eus dans le monde, ne furent mêlez dans ses entretiens. Si quelquefois on lui en touchoit quelques mots, elle ne répondoit que par la rougeur qu'on voyoit paroistre sur son visage. Et elle disoit au Pere de Lingendes, *qu'on ne la faisoit jamais souvenir de sa grandeur, qu'à mesme temps elle ne se reprochast la cause de ses vanitez passées.*

Elle avoit de la peine qu'on remarquait dans sa conduite quelque chose digne de loüange; & un jour comme elle s'entretenoit avec une personne pieuse, sur le commerce de flaterie qui se trouve parmy les grands, *on a beau les loüer*, dit-elle, *leur plus triste occupation est de se découvrir à eux-mesmes; & je sçay par ma propre experience, qu'ils se fuyent pour éviter la honte qu'ils auroient à se connoistre.* Ces pensées la tenoient dans un abaissement continuël, & elle ne se confi-

X

deroit que comme une pecheresse que Dieu avoit attachée, par compassion, à un coin du monde, pour mediter ses deffauts. Aussi ses reflexions lui avoient tellement caché ses vertus, qu'elle les suivoit sans le croire & presque par une inclination naturelle. Comme on voit dans la Lettre que Mademoiselle de Portes écrivit à Madame de Saint-Simon, où l'on a trouvé ces paroles.

Dans un âge avancé, elle captiva son esprit sous une obéïssance étroite, qu'elle a toûjours gardée comme la moindre Religieuse, sans que jamais ny la grandeur de sa naissance, ny ses infirmitez l'ayent portée à prendre d'elle-mesme le moindre soulagement. Ie l'ay veuë refaire ses Lettres sur des avis que de jeunes Filles lui donnoient qu'elles n'estoient pas bien. Elle les prioit de les corriger, & trouvoit leurs pensées beaucoup meilleures que les siennes; & ce qui est admirable, elle faisoit cela sans croire pratiquer l'humilité, parcequ'elle estoit veritablement persuadée que rien de ce qu'elle faisoit, n'estoit bien fait. Enfin il sembloit qu'elle n'avoit point de sentiment propre, tant elle estoit facile à se soumettre à ceux d'autruy.

Le commencement de cette Lettre contient ces mots si avantageux à la Princesse.

Il est vray, ma chere Sœur, que j'ay passé quelques années auprés de Madame de Montmorency, & que les tendresses dont elle m'a honorée, les douceurs que j'ay goûtées en sa conversation, & les exemples des plus grandes vertus, qu'elle m'a donnez, me font regarder ce temps là comme le plus heureux de ma vie. Mais quoyque ses bontez & ma reconnoissance m'ayent remplie de respect pour sa memoire, j'avoue pourtant qu'il m'est difficile de satisfaire à vostre desir. Pour bien connoistre ses vertus, il faudroit avoir quelque participation de la connoissance de Dieu. Sa profonde humilité la cachoit si fort à elle-mesme, qu'elle lui fournissoit mille moyens pour se tirer de la veuë des autres, d'autant plus propres à couvrir les graces de Dieu, qu'ils venoient d'une sincere persuasion de son peu de merite; & que les détours que l'amour propre fait prendre quelquefois aux ames les plus saintes, qui découvrent ce qu'elles veulent cacher, n'avoient aucune part à ses actions ny à ses paroles.

Trois jours aprés sa Profession, l'Evesque d'Autun, qui avoit fait la ceremonie, la pria au nom de toutes les Religieuses, de ne plus s'assujettir aux pratiques du Noviciat, & d'assister aux assemblées du Monastere, pour donner son avis sur les choses qu'on y proposoit. Ce Prélat n'oublia rien pour la faire consentir à sa volonté. Il lui dit que les réglemens établis pour les autres Sœurs, n'avoient pas lieu pour elle; & qu'afin de mettre sa conscience en repos, il se servoit de son authorité pour l'en dispenser. Mais aprés plusieurs instances que sa modestie rendit inutiles, elle lui répondit qu'en se faisant Religieuse, elle avoit souhaité de n'estre jamais distinguée des autres par aucun privilege particulier :

Qu'elle le conjuroit de ne point l'obliger à recevoir l'honneur qu'on lui vouloit faire : Que ce seroit la plus grande mortification qu'elle pûst souffrir ; & que n'estant pas capable de rendre par ses conseils aucun service à l'Ordre, elle auroit une sensible douleur de lui nuire par son mauvais exemple. Cette réponse toucha toute la compagnie, & le Prélat admira son humilité, sans oser repliquer pour lui faire changer de sentiment.

Cette Princesse estoit tellement penetrée de cette vertu, qu'un jour écrivant à une Dame mondaine, elle eut peut-estre quelque raison d'inserer dans sa Lettre ces paroles.

Peut-on souhaiter un plus grand bonheur que celui d'une Crêtienne persuadée de sa bassesse ? Elle se cache en elle-mesme, & autant qu'elle peut, elle ne fait rien qui paroisse aux yeux du monde. Elle fuit les loüanges ; & comme elle se croit pleine d'erreur, elle ne s'étonne pas qu'on la méprise. Ses discours ne sont ja-

mais de ce qui la regarde, & si quelques fois on l'oblige à parler d'elle-mesme, elle le fait avec tant de moderation & d'un air si sage & si retenu, qu'elle ne donne de la jalousie à personne. Elle loüe les autres, toûjours preste à leur ceder, & quelque chose qu'elle fasse pour son prochain, elle croit lui estre inutile. Si on lui demande son sentiment, elle le dit sans chaleur, avec la disposition de le quitter pour suivre les lumieres qu'on lui donnera ; & si elle tombe en quelque faute, elle l'avoüe sincerement, & non pas avec une fausse modestie qui nous fait tirer de la vanité de connoistre & de condamner nos deffauts.

Elle crût une fois avoir témoigné de l'orgueil d'avertir une sœur ancienne, de quelque legere imperfection. Quoyque la Sœur la remerciast de son avis. La Duchesse s'alla jetter à ses genoux pour lui demander pardon & pour lui dire que ce n'estoit pas à elle à instruire les Religieuses.

Elle ne se contentoit pas de leur baiser les pieds, avec un profond aneantiſſement, mais on la ſurprenoit quelquefois qu'elle baiſoit les traces où elles avoient paſſé ; & les regardant comme des ames pures aux yeux de Dieu, elle avoit de la confuſion d'imiter ſi peu leur vertu. Quand on en reprenoit une de quelque legere faute, la Ducheſſe croyoit que c'eſtoit elle-meſme qui y eſtoit tombée. Elle s'en accuſoit enſuite devant tout le monde ; & un jour la Superieure lui répondit *qu'elle voyoit bien qu'à la fin il n'y auroit plus qu'elle de coupable dans le Monaſtere.*

Ces humiliations continuëlles lui donnoient du dégoût pour les loüanges, & elle avoit meſme de la peine à ſouffrir qu'on lui marquaſt quelque regret de l'avoir offenſée. Alors elle attribuoit la faute d'autruy à l'imprudence de ſa conduite, & quelque injure qu'on lui euſt faite, elle excuſoit ſi bien les perſonnes qui lui demandoient pardon, qu'elle ſembloit ſe rendre la cauſe de leurs deffauts.

Un Homme qui tenoit ſa fortune

de la liberalité de cette Princeſſe, la voulut engager à ſoûtenir ſes intereſts ; mais comme il l'y trouva opposée, à cauſe de l'injuſtice de ſes pretentions, il ſe laiſſa emporter à la colere, & aprés lui avoir dit pluſieurs choſes deſobligeantes, il lui témoigna du mépris pour ſa protection. Madame de Montmorency tâcha de moderer ſes emportemens, & lui répondit avec douceur *que comme elle ne ſervoit le prochain que dans la vûë de Dieu, elle ne pouvoit rien faire contre ſa gloire*. Peu de jours aprés, cet Homme rentra en lui-meſme, & touché de ſon ingratitude, il alla demander pardon à la Princeſſe, qui le reçeut avec beaucoup de bonté ; & de peur que ſa faute ne l'empêchaſt de recourir à elle avec la meſme confiance qu'il avoit auparauant, elle l'envoya chercher pluſieurs fois, pour lui renouveller les marques de ſon amitié, & pour lui demander les occaſions de le ſervir.

Elle avoit une veneration extrême pour les Superieures de l'Ordre, à qui elle écrivoit d'une maniere si humble, qu'elles en estoient dans la confusion. Quand elle recevoit quelque chose de leurs mains, elle se jettoit à genoux, la baisant avec respect; & elle tâchoit dans toutes les occasions, de faire connoistre leur prudence & leur sainteté, afin de porter les Religieuses à avoir une entiere soumission à leurs sentimens.

Ce fut avec ce mesme esprit d'humilité qu'elle s'entretint avec un jeune Homme, parent de Monsieur de Montmorency, qui passa à Moulins pour la voir. Comme elle remarqua dans ses discours qu'il avoit l'esprit remply de lui-mesme, elle se contenta de dire d'abord quelques mots pour diminüer en lui ces vaines idées; & voyant que ses paroles n'estoient pas entierement inutiles, elle continüa de parler avec tant de force, & fit une si vive & si naturelle peinture des foiblesses humaines, que ce jeune Homme touché des choses qu'il entendoit, la pria de les lui écrire, pour y faire plus de reflexion. Quoyque Madame de Montmorency eust, comme on a remarqué, une peine extrême à communiquer ses pensées, cependant elle le fit dans cette occasion qu'elle crût que Dieu faisoit naître pour donner à un Homme penetré de son merite, les veritables sentimens qu'il devoit avoir de lui-mesme. C'est de divers endroits de cet écrit que l'on a recüeilly ces paroles.

L'Homme entre dans le monde avec une raison enveloppée de chair & de sang. Lors qu'il commence à parler, il ne sçait ce qu'il veut ny ce qu'il demande, & à peine a-t-il autant de connoissance que les animaux. Sa jeunesse est pleine de desordres & d'erreurs; & au lieu de tâcher à découvrir la vertu, il se porte à tous les déreglemens que les passions lui inspirent. Il ne s'occupe que des plaisirs, tous les temps & tous les lieux lui sont propres pour les goûter, & il est dans le terrible état que Ieremie reproche au peuple Iuif, qui se prostituoit à toute sorte de brutalitez. Enfin non seulement il cher-

che le vice, mais il en fait gloire, il se loüe mesme des pechez qu'il n'a pas commis, & ne trouve de confusion que dans la vertu.

Quand il sort des fougues de la jeunesse, & qu'il est dans ces occupations qu'il appelle importantes, son cœur fatigué de plaisir, se remplit d'ambition. Il n'y a rien d'injuste qu'il ne mette en usage pour venir à bout de ses desseins; & de toutes ses actions, celle qu'il croit la plus glorieuse, est d'opprimer la vertu, pourvû qu'elle contribuë à sa fortune. L'avarice succede à son ambition, à mesme temps que sa vieillesse commence. Que trouve-t-on en tout cela qui nous puisse élever? Et peut-on tirer de la gloire de tant de sujets de honte & de confusion? &c.

En un autre endroit, Quelle prodigieuse legereté ne voit-on pas dans ses pensées & dans ses mouvemens? Tantôt il est dans la joye, tantôt dans la douleur. Il craint, il espere, il se trouble, il reprend la tranquilité, qu'il perd un moment aprés, par le souvenir de quelque objet fâcheux, qui renouvelle ses agitations. Enfin il se tourne de tous les côtez, comme un malade, pour chercher du repos, sans en pouvoir trouver. Son esprit est un abîme d'ignorance & d'obscurité. Il ne connoist rien de ce qu'il voit, il ne sçait ce qu'il est, & soit qu'il demeure en lui, ou qu'il en sorte, il se trouve toûjours au milieu d'une infinité d'objets, comme autant d'énigmes qu'il ne peut ny deviner ny comprendre.

Et quelques lignes plus bas, Peut-on croire que l'Homme ait un veritable merite? Et ne voit-on pas au contraire qu'il n'est fidelle & genereux que par vanité? Si l'on alloit fouiller dans son cœur, on n'y trouveroit qu'un fond d'orgueil, qui est la mesure de ses vertus; & bien loin de voir naître de ce mesme cœur, qu'il estime si grand, les actions dont il se vante, l'Esprit de Dieu lui apprend qu'il n'en sort que des trahisons & des vengeances.

Voila, ajoûta-t-elle au bas du papier, une legere peinture de ce que nous sommes. Pensez-y quelquefois, & voyez l'estime que nous devons avoir de nous-mesmes.

la D. de Montmorency.

Madame de Montmorency avoit augmenté son humilité dans la lecture des Livres de S. François de Sales, dont elle avoit fait des extraits, & dans les entretiens qu'elle avoit eus autrefois avec les Filles de Sainte Marie, au commencement de sa retraite. L'aneantissement où elles vivent, & la separation des choses du monde, la détermina entierement, comme on a dit, à s'engager dans leur Institut, où regne toûjours la mesme simplicité chrêtienne, dont on va voir icy une preuve dans la Requête que les Religieuses de cet Ordre presenterent au Roy, il y a quelques années, pour le supplier de ne nommer aucune d'elles à des Abbayes.

AU ROY.

SIRE,

Les graces que les Filles de S.te Marie ont receuës de Vostre Ma-

jesté, dans toutes les occasions où elle a pû témoigner l'estime qu'elle a pour leur Institut, leur donnent une confiance pleine de respect, qui les prosterne à vos pieds pour demander à Vostre Majesté une nouvelle protection, dans l'interest le plus considerable de leur Ordre. Il fait une profession particuliere, Sire, de vivre dans l'oubly du monde, & dans un état de simplicité chrétienne qui lui a toûjours fait regarder les honneurs & les dignitez, mesme celles qui sont approuvées dans les autres Congregations, comme la ruine de l'esprit d'humilité, que lui a laissé S. François de Sales. C'est la conservation de cet esprit qu'elles demandent à V. M. la suppliant trés-humblement de ne choisir jamais aucune d'elles pour des Abbayes, & de declarer qu'elle n'écoutera point les instances qui lui seront faites par des parens qui pour satisfaire leur ambition, sollicitent avec opiniâtreté de pauvres Religieuses, jusqu'à ce qu'ils les fassent renoncer à la grace de leur vocation & à l'engagement qu'elles ont pris devant Dieu, de mourir dans l'observance de leur Régle. Elles ont prié Monseigneur l'Archevesque de Paris de representer à V. M. la consequence de leur demande, qui empêchera les intrigues qu'on n'a point encore jusqu'icy pratiquées dans leurs Maisons. Si leur Institut conserve la pureté de son premier esprit, il la devra au zéle de V. M. & si les prieres de ces Filles peuvent estre agreables à Dieu, elles les lui offriront sans cesse pour la conservation de vostre sacrée Personne, de la Famille Royale & pour la grandeur & la gloire de voſtre Couronne.

Cette demande ſurprit le Roy, qui dit qu'on ne lui en avoit jamais fait de ſemblables ; & comme ſa Majeſté ſe fait une gloire de deſfendre l'Egliſe, & de maintenir tous les Ordres dans l'eſprit de leur Inſtitut, elle voulut entrer dans le ſentiment de ces Filles, & les honora de la réponſe ſuivante.

Lettre du Roy aux Filles de Sainte Marie.

CHeres & bien amées, Nous avons favorablement conſideré les raiſons que vous avez de nous prier inſtamment de ne point faire choix d'aucunes Religieuſes de voſtre Inſtitut, pour les nommer Abbeſſes des Maiſons des autres Ordres, qui viendront à vacquer, quel-

la D. de Montmorency.

que instance que leurs parens nous en puissent faire : Et comme nous souhaitons de maintenir vostre Institut dans la simplicité & l'humilité Chrétienne qu'il professe, & de vous donner toûjours des marques de nostre bonne volonté & de l'estime que nous faisons de vostre pieté & de vostre bonne conduite, nous sommes bien aises de vous asseurer par ces lignes, que nous satisferons à ce qui est en cela de vostre desir, & que nous ne nommerons aucune de vos Religieuses pour les Abbayes qui viendront à vacquer. Donné à Versailles le vingt-huitiéme jour du mois d'Octobre mil six cens soixante-seize. Signé LOUIS. Et plus bas, COLBERT.

Et au dos est écrit, *A nos che-*

res & bien amées les Superieures des quatre Maisons de la Visitation Sainte Marie, de nostre bonne Ville de Paris.

Cette Lettre est un témoignage de l'humilité des Religieuses de la Visitation, qui se croyant veritablement indignes de toute sorte de dignitez, les laissent aux autres Ordres où elles reconnoissent une grande vertu qui merite d'estre recompensée.

CHAPITRE XXX.

La patience de la Duchesse dans les maladies. Elle exhorte ceux qui la vont voir, à estre liberaux envers les pauvres ; & elle raconte par occasion quelques traits de la liberalité de son Mary.

Quelque desir qu'eust Madame de Montmorency de vivre dans la continuëlle pratique des vertus, neantmoins elle estoit souvent arrêtée par des maladies qui la reduisoient quelquefois à l'extrêmité ; & le Ciel qui avoit remply sa vie d'amertume, voulut augmenter ses douleurs corporelles, pour lui faire exercer sa patience. Elle en fut tourmentée beaucoup plus qu'elle ne l'estoit auparavant. A peine avoit-elle quelque relâche d'un mal, qu' elle tomboit dans un autre. La fiévre ne la quittoit presque jamais. Tantôt la migraine, & tantôt les foiblesses de cœur, la jettoient dans de longs évanouïssemens ; & ensuite l'asthme lui ôtant la respiration, la faisoit souvent retomber dans le mesme état, d'où l'on avoit eu de la peine à la tirer. Au lieu de faire des plaintes, elle disoit qu'il falloit peu parler de ses maux, & tâcher mesme de les oublier. En effet, les personnes qui la servoient, l'ont veüe plusieurs fois dans les ardeurs de la fiévre, qu'elle souffroit avec un visage tranquile, sans demander aucun rafraîchissement, & sans mettre dans sa bouche une goutte d'eau pour moderer le feu qui la brûloit. Le jour estant finy, elle souhaitoit, comme Job, le retour de la lumiere, qui à peine reparoissoit dans le ciel, qu'elle attendoit encore la nuit, la passant dans les mesmes souffrances, sans esperer aucun relâche, & recitant dans son esprit les Pseaumes de David, qu'elle ne pouvoit prononcer à cause de ses douleurs.

A peine estoit-elle guérie, qu'elle reprenoit les mortifications. Elle jeûnoit autant que ses forces le lui pouvoient permettre, sans témoigner du dégoût pour aucune viande, de peur qu'on ne lui en donnast d'autres ; & quelquesfois on l'a surprise dans ses repas, qu'elle mangeoit du fruit gâté, sans rien dire. On la voyoit travailler au Jardin, comme les autres Sœurs ; & quand elle trouvoit des vers, elle les prenoit entre ses mains, & pensoit qu'elle en seroit un jour la nourriture. Sa mortification alloit jusqu'à se priver des nouvelles. Elle croyoit que n'ayant plus de commerce avec le monde, elle le devoit entierement oublier. Quand elle sentoit quelque envie de parler, elle attendoit qu'elle fust passée ; & elle avoit tant de pouvoir sur elle-mesme, qu'elle ne disoit jamais que ce qu'elle vouloit dire.

Le sujet ordinaire des conversations avec les personnes qui l'alloient voir, estoit de leur representer la misère des pauvres. Comme elle ne pouvoit plus les assister, elle n'oublioit aucun soin pour porter les autres à le faire; & un jour, s'entretenant là-dessus avec une Dame mondaine, peu disposée à secourir son prochain, elle lui dit qu'il y a des occasions où l'Eglise vend jusqu'aux Vases sacrez, pour soulager les pauvres, & que cette conduite nous montroit l'obligation de les assister, d'autant plus qu'ils sont l'image de Dieu, & rachetez du Sang de Jesus-Christ. Cette Dame eut de la peine à entendre ces paroles, qu'elle prit peut-estre pour un reproche tacite qu'on lui faisoit de sa dureté, & elle répondit que les pauvres estoient des imposteurs, qu'ils se servoient de plusieurs méchants moyens pour se rendre dignes de compassion, mesme qu'ils se faisoient les maux qu'on leur voyoit, & que leurs playes estoient artificielles. La Princesse surprise de cette réponse, *Quand cela seroit*, dit-elle, *bien loin de nous justifier par là, nous sommes nous-mesmes* coupables de leur tromperie, puisque ne pouvant nous toucher par la necessité qui les presse, nous les reduisons à estre fourbes, pour arracher de nos mains le secours que nous leur devons.

Ce fut par le mesme motif de charité, qu'avant que d'estre Religieuse, elle promit à une jeune Fille une place dans le Convent de Sainte Marie de Moulins, quand elle seroit en âge : mais comme alors on ne la trouva pas propre à la Régle, la Duchesse lui fit donner mille écus pour entrer dans un autre Ordre. Cela donna occasion à une Religieuse, de lui dire qu'on sçavoit que dans le monde elle avoit toûjours esté liberale. Madame de Montmorency qui eut de la peine à souffrir cette loüange, répondit que le Duc son Mary avoit tâché de la rendre telle, sans en pouvoir venir à bout ; & comme elle se trouva d'humeur plus gaye qu'à l'ordinaire, elle leur raconta quelques traits de sa liberalité.

,, Estant un jour seule avec lui,
,, dit-elle, je lui parlay du grand

Y iiij

,, nombre de Domestiques inutiles
,, qu'il gardoit, & ie lui voulus per-
,, suader de les congedier avec une
,, recompense proportionnée aux ser-
,, vices qu'ils avoient rendus. Mon-
,, sieur de Montmorency fit d'abord
,, semblant d'entrer dans ma pensée,
,, & me répondit qu'il falloit comp-
,, ter ses Gens, pour voir ceux dont
,, il pourroit se défaire ; mais quand
,, j'en nommois quelques-uns, il me
,, disoit les raisons qu'il avoit de les
,, garder, ou ils estoient necessaires
,, pour servir ses Gentilshommes, ou
,, ils avoient esté receus à la priere
,, de quelqu'un de ses amis. Enfin il
,, ne demeura d'accord que de deux,
,, qu'il feignit de m'abandonner ; mais
,, me demandant aprés, si ie croyois
,, sa Maison chargée de deux Do-
,, mestiques, *Ne sont-ils pas assez mal-*
,, *heureux*, ajoûta-t-il, *de n'estre capa-*
,, *bles de rien, sans leur donner encore*
,, *le chagrin de les congedier ?*

,, Une autre fois, continüa-t-elle,
,, comme ie lui montray un article
,, du compte de sa dépense, qui es-

„toit excessif, & sur lequel l'Inten‑
„dant m'avoit fait de grandes plain‑
„tes, ie le priay tout de bon de
„moderer ses prodigalitez, & qu'il
„lui étoit impossible de les pouvoir
„continuër. Aprés m'avoir écoutée
„tranquilement, il me demanda à
„voir l'article, & quand il l'eut vû,
„il prit la plume & écrivit au bas
„ces paroles, *Ie voudrois estre Empe‑*
„*reur pour en faire davantage.*

„Un iour, ajoûta-t-elle, comme
„il ioüoit, il se trouva sur le ieu en‑
„viron trois mil pistoles. Un Gentil‑
„homme qui estoit present, dit tout
„bas à son compagnon, que cette
„somme feroit sa fortune. Le Duc
„ne fit pas semblant de l'entendre;
„mais l'ayant gagnée un moment
„aprés, il se tourna vers lui, *Ie vou‑*
„*drois*, dit-il, *que vostre fortune fust*
„*plus grande*; & le pria de recevoir
„cet argent.

La Princesse leur raconta plusieurs
autres profusions qu'il faisoit sur tout
aux Officiers de guerre, à qui il don‑
noit des sommes considerables pour

avoir ce qui leur estoit necessaire, & pour les animer au service du Roy.

„ Un jour à Montpellier, leur dit-
„ elle, afin d'éviter une troupe de
„ Soldats qui l'attendoient au sortir
„ de chez lui, pour l'accompagner
„ avec leurs acclamations ordinaires,
„ il s'avisa de leur jetter des poi-
„ gnées d'argent, à dessein de les a-
„ muser ; mais ces Soldats le suivi-
„ rent toûjours, sans s'arrêter à l'ar-
„ gent. Ce qui fut admiré de tout
„ le monde, & cela leur attira une
„ grande recompense.

„ Une autre fois, comme il voya-
„ geoit dans le Languedoc, suivy de
„ quelques Gentilshommes, avec qui
„ il s'entretenoit de ce qui peut fai-
„ re le bonheur de la vie, il apper-
„ ceut de loin dans un champ, qua-
„ tre Laboureurs assis sur l'herbe, qui
„ dînoient à l'ombre d'un buisson. A
„ l'occasion de cet entretien, la cu-
„ riosité le prit de les approcher ; &
„ leur ayant fait plusieurs questions,
„ il les pria de lui avoüer sincere-
„ ment, s'ils s'estimoient heureux. Il

„ y en eut trois qui lui répondirent „ qu'ils l'eſtoient, parcequ'ils avoient „ une femme & des enfans tels qu'ils „ ſouhaitoient : Et comme ils bor- „ noient leur felicité à leur condi- „ tion, ils ajoûterent qu'ils ne deſi- „ roient plus rien dans le monde. „ Le Duc demanda à l'autre, s'il eſ- „ toit auſſi content que ſes compa- „ gnons. Ce bon Homme répondit „ que ce qui l'en empêchoit, eſtoit „ de ſe trouver hors d'état d'acque- „ rir un heritage que ſes parens a- „ voient autrefois poſſedé. Et ſi tu „ l'avois, reprit le Duc, te croirois- „ tu parfaitement heureux ? Autant, „ répondit-il, que je le puis eſtre. „ Alors Monſieur de Montmorency „ ſe tournant vers un de ſes Gentils- „ hommes, *Ie vous prie que je puiſſe* „ *dire avoir rendu un Homme heureux* „ *une fois en ma vie:* Et il lui fit „ donner deux cens piſtoles, qui eſ- „ toit la ſomme neceſſaire pour a- „ cheter l'heritage que le Laboureur „ ſouhaitoit.

„ Toutes ces actions, continüa la

„ Princesse, m'auroient renduë libe-
„ rale, si j'avois pû le devenir; mais
„ comme je n'ay jamais eu l'ame
„ grande, j'ay toûjours esté bien éloi-
„ gnée de ses sentimens. Puis tournant le discours sur la pieté, elle a-
joûta que ce qu'elle estimoit le plus
en lui, estoit l'attachement qu'il a-
voit à Dieu, & le soin qu'il prenoit
de soulager les pauvres. „ Il ne re-
„ fusa iamais, dit-elle, ses biens ny sa
„ protection aux Eglises. Il avoit u-
„ ne application extrême pendant la
„ Messe; & il estoit tellement at-
„ tendry à l'élevation de l'Hostie,
„ qu'on lui voyoit quelques fois ver-
„ ser des larmes. Enfin on ne remar-
„ quoit rien dans ses discours qui
„ approchast de l'impieté : Et s'il est
„ vray que la voix du peuple soit,
„ comme l'on dit, la voix de Dieu,
„ ie puis croire que le iour de sa
„ mort, fut celui de son bonheur
„ éternel, puisque tout le monde
„ cherchoit de son sang, & qu'il té-
„ moignoit par ces marques de ve-
„ neration, la gloire que Dieu lui a-
„ voit préparée.

On pardonnera facilement la digreſſion qu'on vient de faire ſur le ſujet de Monſieur de Montmorency. Il y a tant de liaiſon entre ſa vie & celle de la Ducheſſe, qu'on auroit pû quelques fois paſſer de l'une à l'autre, ſans s'écarter du deſſein qu'on s'eſt propoſé. Et puis ne refuſons pas à ce grand Homme, le foible honneur que nos paroles lui peuvent rendre ; & faiſons voir qu'il eſtoit digne par ſes vertus de l'illuſtre ſang de Montmorency, qui a eſté le premier dans ce Royaume, de recevoir la Foy & de produire le premier Chrétien.

CHAPITRE XXXI.

La Duchesse est éleuë Superieure. Sa conduite dans le Monastere. Le Cardinal des Vrsins donne le Voile à Mademoiselle de Ventadour & à Mesdemoiselles de Valencé: Et on solemnise la Canonisation de S. François de Sales.

LA veneration que les Filles de Sainte Marie avoient pour Madame de Montmorency, leur donna la pensée de l'élire Superieure, dés l'année mil six cens soixante-deux. Comme alors il s'en falloit encore six mois qu'elle n'eust les cinq années de Profession, que demande la Régle de l'Ordre & le Concile de Trente, elles resolurent d'en obtenir la dispense : Mais Madame de Montmorency ayant découvert leur deſſein, témoigna tant de répugnance à y conſentir, qu'elles furent obligées de faire une autre Superieure.

Quand le temps de cette derniere élection fut achevé, ne doutant pas qu'elles n'euſſent repris leur premiere penſée, elle fit prier le Pere Charlet Jeſuïte, de la venir voir. Elle lui dit la peur qu'elle avoit qu'on ne la fiſt Superieure ; & lui repreſenta à meſme temps ſon incapacité & ſon peu de lumiere dans la vie ſpirituelle. Elle aioûta qu'une des raiſons qui l'avoit obligée à differer ſon engagement à la Religion, dans un âge avancé, eſtoit la conſolation qu'elle avoit qu'on ne lui donneroit iamais cette charge. Enfin elle n'oublia rien pour empêcher ſon élection par le moyen de ce Pere ; mais malgré tous ſes efforts, elle fut êleuë, & s'eſtant miſe à genoux, elle prononça la proteſtation de Foy, ſuivant la maniere accoûtumée de l'Ordre. Aprés quoy on acheva le reſte de la ceremonie.

Au sortir de là, elle se rendit à sa chambre, où l'attendoient toutes les Religieuses, qui se jetterent à ses pieds pour lui dire qu'aprés avoir receu, pendant plus de trente ans, des marques de son affection, elle ne leur pouvoit refuser la grace de les accepter pour ses Filles. Elle les embrassa toutes avec la mesme amitié qu'elle leur avoit toûjours témoignée; & aprés les avoir entretenuës un peu de temps, elle alla à l'Infirmerie voir une Religieuse malade d'un heresipele, qui lui avoit laissé sur tout le visage une croûte noire, qu'on ne pouvoit regarder sans horreur. Comme cette Princesse sentit de la repugnance à l'approcher, elle lui découvrit le visage & le baisa pour se vaincre elle-mesme; & aprés lui avoir dit plusieurs paroles de consolation, elle recommanda à celle qui la servoit, de ne rien épargner pour la guérir.

L'élection de Madame de Montmorency fut si generalement approuvée, que toutes les personnes consideraderables de Moulins, allerent au Convent témoigner leur joye. Quelques Religieux mesme furent à l'Eglise du Monastere, remercier Dieu de la grace qu'il avoit faite aux Filles de Sainte Marie. Il n'y avoit qu'elle qui se plaignoit quelquefois du poids qu'on lui avoit imposé : Neantmoins, comme elle le vouloit porter chrêtiennement, & qu'elle pensoit à l'obligation qu'elle avoit de répondre des actions de celles que le Ciel venoit de mettre sous sa conduite, elle songea à tout ce qui la pouvoit instruire, pour s'acquitter fidelement de son devoir. Cette raison l'obligea de lire plusieurs fois les Régles de l'Ordre, afin d'en bien prendre l'esprit & de le communiquer à toutes les Religieuses ; & ce fut pour observer exactement ces mesmes Régles, qu'elle demanda à l'Evesque d'Autun la visite annuëlle.

Celui qui la fit, admira sa prudence, & dit qu'il n'avoit jamais vû dans aucun Convent, plus de paix, plus de zéle pour Dieu, & plus d'exactitude à lui obéir. Elle prenoit un soin extrême de chaque Religieuse en particulier, *parcequ'il estoit bien juste*, disoit-elle, *de pourvoir aux necessitez des personnes qui avoient tout abandonné, pour s'appliquer uniquement à leur salut.*

Dans le premier Chapitre qu'elle tint aprés son élection, elle commença par témoigner de la confusion de se voir Superieure. Aprés elle fit lire ce que la Mere de Chantal avoit dit en mourant. Elle s'arrêta à leur persuader l'union des cœurs, que cette sainte Religieuse avoit tant recommandée; & aprés les avoir portées à cette divine union, qui adoucit les rigueurs de la penitence, & qui fait le charme de la solitude, elle repeta les mesmes paroles de cette mourante. *Vous les avez entenduës vous-mesmes*, ajoûta-t-elle, *& vous estiez toutes presentes, lors que la sainte Fondatrice nous exhorta à l'observance de ce precepte. Je suis persuadée que vous n'avez pas changé de sentiment; & la consolation qui me reste, est de croire que*

la D. de Montmorency.
nous n'avons toutes qu'un mesme cœur.

Elle leur fit connoître sa tendresse dans la premiere conference spirituelle, où les Religieuses lui rendirent compte de leur interieur. Elle ne voulut jamais souffrir qu'aucune se mist à genoux devant elle ; & dans le temps qu'elles lui découvroient leurs imperfections, on lui voyoit tomber des larmes, qu'elle ne pouvoit retenir, disant que les anciennes faisoient en sa presence, ce qu'elle devoit faire elle-mesme pour honorer leur vertu.

C'estoit principalement pendant le temps des retraites, qu'elle redoubloit son zéle, pour les aider à augmenter leur sainteté. Elle leur faisoit part des bons sentimens qu'elle avoit eus dans ses exercices ; & un jour, leur parlant d'une meditation qu'elle avoit faite sur la défiance de soy-mesme, & sur l'attachement à la Misericorde divine, elle leur dit qu'elle fut touchée de ces paroles d'un Prophete, *Israël estoit foible, & je le soûtenois ; il s'est retiré de moy, & il est tombé.*

Aprés leurs retraites, elle ne se lassoit point de les animer, les unes à la mortification, & les autres à la patience. Elle adoucissoit leurs maux, & les exhortoit à sacrifier à Jesus-Christ leur douleur. Elle les portoit à cacher leur vivacité & à retenir leurs paroles dans les occasions où elles avoient le plus envie de parler, afin que par une mesme action, elles pûssent mortifier leur langue & combattre la complaisance qu'on a d'avoir dit quelque chose qui plaise & qui attire de la reputation. Comme elle avoit beaucoup d'experience dans la vie spirituelle, elle leur disoit que ces ménagemens, tout foibles qu'ils paroissoient, estoient les moyens de s'élever à la perfection. Elle les faisoit souvenir que Dieu s'appelle lui-mesme, *un Dieu jaloux* : Que ce nom marquoit le détachement qu'il demandoit d'une ame Chrêtienne ; & que les moindres inclinations que les personnes pieuses peuvent avoir à se faire estimer par leurs qualitez naturelles, rallentissoient en eux la ferveur de la grace, & les laissoient dans l'état de langueur si éloigné de celuy où Dieu fait sentir au cœur sa présence avec la paix intérieure.

Quand ses Filles lui découvroient leurs fautes, elle leur disoit les siennes, pour les consoler & pour leur donner le courage de faire avec plaisir les actions d'humilité que demandoit la Régle. Enfin elle adoucissoit toutes leurs peines, & aprés avoir écouté leurs doutes, elle les éclaircissoit & remettoit la paix dans leur ame. Jamais personne ne sortit d'auprés d'elle qu'avec beaucoup de consolation de lui avoir découvert son intérieur : Et sans employer des raisonnemens inutiles, elle se servoit de paroles pleines de lumieres & si conformes aux sentimens de l'Evangile, qu'elle ne laissoit aucune incertitude de la verité.

Un jour, comme elles estoient en recreation toutes ensemble, & qu'elles s'entretenoient de plusieurs choses pieuses, elles tomberent sur le discours de la vie des Hermites, admirant la simplicité où ils vivoient, sans chercher autre perfection que l'accomplissement de leur Régle. Aprés que Madame de Montmorency eut fait le détail de leur conduite, une Religieuse lui demanda si ces Solitaires ne s'attachoient pas quelquefois à de bonnes œuvres particulieres, pour se distinguer de leurs compagnons, & pour faire entre eux une maniere de combat innocent qui leur donna de l'émulation, afin de s'élever à une plus grande vertu.

La Princesse qui n'avoit autre dessein que de maintenir ses Filles dans l'uniformité & dans la simplicité Chrétienne, où consiste l'excellence de la vie Religieuse, ne fut pas fâchée de cette question. Elle répondit que la plus grande distinction que l'on pouvoit souhaiter, estoit l'observance des Régles; & que celle dont on venoit de parler, estoit dangereuse dans le Monastere, parce qu'il arrive souvent que pour faire certaines bonnes œuvres, on abandonne son devoir, & qu'on tombe dans un desordre qui ruine l'esprit de la Religion. Le desir de se distinguer, continüa-t-elle, vient ordinairement de l'orgueil qui nous porte à vouloir paroître plus saintes que nos compagnes ; & il faut au contraire aller à Dieu par la voye qui nous est marquée, afin que nostre fidelité soit confonduë avec celle des autres, & que l'amour propre ne nous flate pas secretement d'avoir une vertu singuliere.

Mais, ma Mere, lui dit la Religieuse, ne pourroit-on point abandonner une petite action de la Régle, pour en faire une grande, qu'elle n'ordonne pas ? Car on iroit à Dieu d'une maniere plus parfaite. Bien loin que ce soit une perfection, répondit Madame de Montmorency, c'est une faute dangereuse ; & ce seroit aller contre la perfection, que de choisir une vertu, quand mesme elle n'empêcheroit pas l'exactitude à la Régle, parceque cet exercice peut estre une vertu d'humeur, où nous porte l'amour propre, & quoyque l'action soit sainte d'elle-mesme, on la gâte par le plaisir de suivre sa volonté. Est-il possible, reprit la Religieuse, qu'il ne soit pas permis de rien faire de saint, que ce qui est ordonné ? Il est permis, repartit la Mere de Montmorency : Mais pour s'élever à une grande sainteté, au lieu de choisir nos vertus, il faut demander à nos Superieurs, qu'ils nous marquent celles dont nous avons besoin ; & comme on renonce par là à ses propres lumieres, nos actions ont non seulement leur merite particulier, mais encore celui de l'obéissance, où l'on pratique cette simplicité qui est la plus grande élevation de la vie Chrêtienne.

Ma Mere, continüa la Sœur, nous vous prions de nous expliquer ce que vous entendez par cette simplicité. C'est, répondit Madame de Montmorency, de n'avoir point de volonté ny aucun goût particulier pour certaines bonnes œuvres ; c'est un état de parfaite indifference & d'une égale promptitude à suivre

Dieu par tout où il nous veut conduire, avec la difposition de quitter mefme noftre devoir, fi Dieu veut que nous le quittions. La fimplicité nous deffend de nous attacher à Dieu mefme, avec un plaifir fenfible, mais feulement parcequ'il le veut; afin que dans nos exercices fpirituels nous ne mêlions rien qui ait le moindre rapport à nous-mefmes. Quoy, repliqua la Religieufe, on ne doit point avoir de goût particulier par exemple pour l'Euchariftie? Non, répondit Madame de Montmorency, il s'en faut approcher feulement parceque c'eft la volonté de Dieu, prefts à nous en éloigner, quand il lui plaira de nous le faire connoiftre, le prenant fans attachement naturel, & le quittant fans trouble; mais confervant une parfaite indifference pour tout ce qu'il lui plaira là-deffus de nous ordonner. Prendre Jefus-Chrift fans attachement, répondit avec furprife la Religieufe? On doit eftre bien aife, dit la Ducheffe, de s'acquitter de son obligation, en le recevant; mais on doit empêcher le cœur d'avoir de ces joyes purement humaines, qui font que s'il falloit s'en priver, on ne le feroit pas sans douleur, ce qui marque que l'on n'est pas dans cette parfaite simplicité que demande la pureté de la vertu.

Il me vient dans l'esprit, ajoûta-t-elle, une chose qui peut-estre éclaircira ma pensée. Vous sçavez que les Apostres eurent de la peine à se separer de Jesus-Christ, quand il voulut monter au Ciel ; & vous sçavez aussi qu'il leur dit que s'il ne les quittoit, le S. Esprit ne descendroit pas sur eux. Pourquoy croyez-vous que l'absence de Jesus-Christ leur fust necessaire pour recevoir cet Esprit, si ce n'est parceque les Apostres, quoyque saints, avoient pour son Humanité sacrée une inclination naturelle, le regardant comme leur Maistre & leur Protecteur, qui les deffendoit contre les Juifs ; & il falloit que l'absence ôtast de leur cœur cet attachement humain, & qu'il ne leur restast que le simple desir de plaire à Dieu, afin de parvenir à cet état parfait de sainteté, où l'Esprit divin les éleva par la confirmation dans la grace ? Vous voyez par là, ajoûta-t-elle, que pour vivre dans la simplicité, qui est cette indifference dont nous avons parlé, il faut n'avoir aucun goût particulier, de peur que l'amour propre ne se glisse dans nos bonnes actions, & qu'au moins il n'en diminuë la gloire.

De cette façon, reprit la Religieuse, on ne doit témoigner aucune ardeur à faire son devoir. C'est à dire, répondit Madame de Montmorency, qu'il ne faut rien affecter avec trop d'empressement, mais agir simplement & sans une trop grande reflexion sur nous-mesmes, de peur que la veuë de nos deffauts ne nous retire du chemin de la vertu, où de fausses raisons nous pourroient persuader que nous ne faisons aucun progrez. Il y peut avoir des personnes qui n'osent se distinguer en pratiquant des vertus extraordinaires, mais qui tâchent de le faire en s'acquittant de leurs obligations, avec des rafinemens singuliers. Le desir de paroistre vertueux, fait qu'on s'accuse toûjours de n'estre pas assez exact à la Régle. Cette disposition est bien éloignée de la simplicité ; ce n'est qu'une affectation pour faire dire à ceux qui nous écoutent, que nous sommes bien purs devant Dieu, puisque nous avons tant d'attachement à nostre devoir ; & que nous avons l'ame bien tendre & bien élevée, puisque malgré toute nostre application, nous craignons toûjours de n'estre pas fideles. Enfin, mes Sœurs, conclud-elle agissons avec Dieu le plus simplement que nous pourrons, & laissons aller nostre cœur à toutes les impressions de la grace.

Aprés avoir achevé ces paroles, on la vit tout à coup dans un recüeillement interieur & dans un silence qui faisoit aisément connoistre que Dieu la rappelloit dans elle-mesme, où elle l'écoutoit avec la simplicité dont elle venoit de parler ;

& la fin de la recreation la surprenant en cet état, elle se retira avec une quietude qui découvrit en quelque maniere sa perfection.

C'estoit dans de semblables entretiens que sans y penser, Madame de Montmorency faisoit connoistre son interieur, & formoit à la sainteté les Filles que Dieu lui avoit confiées.

Une autre fois, comme on lui parla d'une Religieuse d'un autre Ordre, qui ne s'appliquoit qu'à faire des liaisons dans le monde pour élever sa famille, elle témoigna de la compassion pour son aveuglement: Et là-dessus une personne lui ayant demandé s'il est deffendu d'assister ses parens, elle répondit que non, si le secours qu'on leur donne, tend à un êtablissement mediocre & à la gloire de Dieu ; mais que s'il faut beaucoup d'intrigues pour les élever à une grande fortune, il est honteux à une Religieuse persuadée que l'abaissement est la source des Vertus Chrétiennes, de contribuer à leur ambition. Ensuite, après avoir parlé des desordres que fait en nous le desir de la grandeur, elle ajoûta ces paroles, *Avant que de nous mêler dans les affaires de nos parens, souvenons-nous du conseil donné à ce Disciple qui vouloit aller enterrer son pere, laissons aux morts le soin d'ensevelir les morts, abandonnons aux gens du monde les inquietudes du monde; & au lieu de contribuer à leur élevation, qu'ils apprennent par nos discours & par nostre exemple, l'humilité où ils doivent vivre, & les aneantissemens de Iesus-Christ.*

L'attachement qu'elle avoit à l'observance de la Régle, l'empêchoit d'en donner aucune exemption, qu'elle n'examinast auparavant elle-mesme, s'il y avoit raison de l'accorder. Elle ne pouvoit souffrir qu'aucune Religieuse quittast l'Office divin, pour vaquer aux affaires temporelles de la Maison; & quand la necessité l'exigeoit, c'estoit toûjours avec une douleur extrême, voyant qu'on estoit obligé de donner au besoin corporel un temps destiné à la gloire de Dieu:

Rien n'eſtoit capable d'interrompre la vigilance qu'elle avoit pour la clôture. Elle vouloit voir tous ceux qui entroient dans le Convent, & qui en ſortoient : Et quand quelqu'un travailloit dans la maiſon, elle deffendoit qu'on le retinſt aprés l'heure de la retraite ordinaire ; & elle ne voulut jamais accorder demy-heure à un Ouvrier qui la demandoit pour achever un ouvrage preſſé, qu'on deſtinoit à la ſolemnité de la Canoniſation de S. François de Sales.

C'eſtoit pour la meſme raiſon qu'elle empêchoit, autant qu'elle pouvoit, l'entrée des Dames dans le Convent, parcequ'elles y laiſſoient l'eſprit du ſiecle par le luxe des habits, par leurs manieres mondaines, & par des converſations remplies de diſcours inutiles. Et quoyque l'Eveſque d'Autun lui euſt permis d'y recevoir qui elle voudroit, elle ne ſe ſervit jamais de cette permiſſion qu'en faveur de quelques parentes de Monſieur de Montmorency, les priant mesme d'entrer seules, de peur que leur suite ne troublast le silence du Monastere. Sa rigueur là-dessus alloit au point que quand elle avoit quelque indisposition, pourvû qu'elle ne fust pas dangereuse, elle aimoit mieux la souffrir sans rien dire, que d'appeller un Medecin, & elle differoit à prendre du soulagement, qu'une autre Religieuse tombast malade, auquel cas le mesme Medecin les secouroit l'une & l'autre.

Elle usa de la mesme reserve envers son neveu le Cardinal des Ursins, à qui elle n'offrit pas l'entrée du Convent, quand il l'alla voir dans son voyage de France : Mais comme il estoit Protecteur de l'Ordre, il entra ; & l'ayant entretenuë quelque temps, il sortit d'auprés d'elle avec beaucoup de consolation, & témoigna que de toutes les parentes qui lui restoient au monde, c'estoit celle pour qui il avoit le plus de respect. Il lui donna toutes les Reliques qu'il avoit apportées de Rome, sans vouloir accepter autre present
que

que quelques petits ouvrages que lui offrirent les Religieuses. Il partit peu de jours aprés, pour aller à la Cour, où il fut agreablement receu du Roy, qui l'honora d'une riche Croix de diamans.

Pendant ce temps-là, Madame de Montmorency s'appliqua à examiner de nouveau la vocation de sa niéce de Ventadour & de Mesdemoiselles de Valencé. Comme elles estoient dans un âge capable de connoistre la perfection de l'état Religieux, elle les exhorta à bien penser à l'engagement qu'elles vouloient prendre : Et de peur qu'elles n'eussent oublié la promesse qu'elles lui avoient faite de vivre toûjours dans le Convent en qualité de simples Religieuses, sans prendre des Abbayes, elle les pria de la lui renouveller, pour se conformer au sentiment de Madame de Chantal, qu'elle a expliqué elle-mesme dans les paroles suivantes. *S'il se trouvoit une de nous qui écoutast cette proposition* (qui estoit d'avoir des Abbayes) *au lieu d'estre Fille de la*

Mad. de Chantal, dans l'explication des Regles de l'Ordre.

Visitation, elle renverseroit tout le bonheur, toute la paix & la sainteté de nostre Institut. Ie puis vous asseurer que les intentions de nostre saint Fondateur estoient si contraires à cette pensée, qu'il disoit souvent qu'il vaudroit mieux que l'Ordre perist ; & je me persuade qu'il ne l'auroit jamais institué, s'il eust crû qu'on fust capable d'ouvrir la porte à cette pernicieuse ambition.

Le Cardinal des Ursins arriva alors de la Cour, & aprés avoir demeuré quelques jours à Moulins & avoir exhorté ces deux Demoiselles à s'attacher à Dieu avec des sentimens dignes des instructions qu'elles avoient receuës, il prit le lendemain de Pâques, pour leur donner le Voile. Le bruit s'en estant répandu par tout, il y eut ce iour là une grande foule de gens dans l'Eglise, qui furent presens à la ceremonie, & qui admiroient avec quelle ardeur les Novices se consacroient à Dieu. Madame de Montmorency eut une joye singuliere de les embrasser dans ce nouvel Habit ; & elle les faisoit souvenir de temps en temps d'estre fideles aux obligations qu'elles s'estoient imposées. Quelques iours aprés, le Cardinal des Ursins, qui estoit sur son départ pour Rome, prit congé de la Duchesse, en lui témoignant l'estime & la veneration qu'il conserveroit toûjours pour sa personne & pour sa vertu. Elle lui fit present d'un riche Voile de Calice; & aprés qu'il fut party, elle ne songea plus qu'à se préparer à la Feste de S. François de Sales.

Comme le Pape venoit de le canoniser, & que tout l'Ordre de la Visitation faisoit de grands préparatifs, elle n'oublia rien pour contribuer à la solemnité generale. Elle prit soin elle-mesme de faire parer l'Eglise & d'orner les Autels, sans pourtant y mêler aucun de ces ornemens prophanes, plus propres à la pompe du monde, qu'à la veneration d'un Saint. Elle retrancha donc de l'Eglise toute la parure qui auroit senty la vanité; & au lieu de plusieurs dépenses inutiles qu'elle auroit esté obligée de faire pour soûtenir un faste indigne de la sainteté des Autels, elle fit de grandes aumônes, & crût par là honorer bien mieux la Feste de son Fondateur, & d'une maniere plus sainte, que par toute la magnificence imaginable.

Quand les préparatifs de la ceremonie furent achevez, elle prit le temps d'exhorter les Religieuses à solemniser interieurement la canonisation de ce S. Prélat, par la meditation de ses vertus, demandant à Dieu la grace de les pouvoir imiter. Cette exhortation fut suivie d'un si bon effet, que la Princesse touchée du zéle de ses Filles, *Seigneur*, dit-elle, *vous écoutez les desirs des pauvres, & vous faites par vous-mesme dans nos cœurs, ce que toutes les creatures n'oseroient entreprendre.*

CHAPITRE XXXII.

La maladie & la mort de la Mere de Montmorency.

L'Octave estant achevé, comme elle se préparoit à redoubler ses soins pour conserver dans le Monastere le mesme esprit de sainteté, qu'elle y avoit répandu, elle commença de sentir les approches de sa derniere maladie ; & l'asthme qui la tourmentoit ordinairement, ayant augmenté, elle se trouva presque hors d'état de respirer. Cependant, comme elle cachoit ses maux, autant qu'elle pouvoit, afin de vaquer toûjours à son devoir, elle souffrit quinze jours, sans se plaindre, & Dieu lui donna des pressentimens de sa mort. Aussi elle dit à un Religieux, qu'elle croyoit que la fin de la première année de sa Superiorité, seroit celle de sa vie. Ce qui fut veritable, comme nous allons voir dans la suite.

Le Lundy des Rogations, dernier jour de May de l'année mil six cens soixante-six, elle fut attaquée du Rheume. Les Religieuses l'obligerent de se faire saigner, & elle garda la chambre jusqu'au jour de l'Ascension, qu'elle voulut communier. Ensuite elle alla dîner avec les autres; aprés quoy elle s'entretint avec elles, comme à l'ordinaire. Pendant la conversation, elles apperceurent que son visage changeoit. On la conduisit à sa chambre, où le frisson la prit, qui fut suivy de plusieurs accidens. Le Superieur la visitoit tous les jours. On lui fit quantité de remedes; mais comme le mal augmentoit toûjours d'avantage, on commença de craindre, & non seulement on exposa le S. Sacrement pour obtenir sa guérison, mais on fit aussi des prieres dans toutes les Maisons Religieuses.

Le lendemain, sur les cinq heures de matin, les Medecins dirent que son mal alloit à la mort. Cette nouvelle remplit tout le Convent de douleur. Cependant elle avoit l'esprit si tranquile, qu'ayant receu le mesme jour, des Lettres d'un Monastere de l'Ordre, elle dit ce qu'il falloit répondre.

L'aprés-dîné on la trouva notablement mieux ; ce qui surprit tout le monde. Neantmoins elle passa la nuit suivante sans dormir, & retomba le lendemain dans son premier état ; ce qui l'obligea de se confesser : Aprés quoy toutes les Religieuses se retirerent. Il n'y en eut que deux qui demeurerent dans sa chambre pour la servir ; & comme elles lui demandoient si les approches de la mort ne lui donnoient aucune crainte, elle répondit *Que Dieu lui faisoit la grace de tenir son cœur en paix, & que la confiance qu'elle avoit à sa Misericorde, l'empêchoit de penser à l'incertitude de l'éternité.* Quelques heures aprés, comme elle s'apperceut d'une augmentation de fiévre, elle demanda le Viatique ; & de peur d'oublier quelque chose de ce qu'ordonne la Régle, elle se fit instruire de tout ce qu'elle devoit faire dans cette occasion. Elle renouvella ses Vœux en presence du S. Sacrement, que le Superieur tenoit à la main, & elle se servit de ces termes,

Cieux, oyez ce que je vais dire, & que la terre écoute mes paroles. C'est à vous, ô Iesus! mon Redempteur, à qui je parle, quoyque je ne sois que poudre & que cendre. Ie confirme & je renouvelle de tout mon cœur, les Vœux que j'ay faits de vivre en perpetuelle chasteté, pauvreté & obéïssance, selon la Régle de S. Augustin & les Statuts de la Congregation de Nostre-Dame de la Visitation, que je promets observer jusqu'au dernier moment de ma vie.

Ensuite elle receut le S. Sacrement avec un zéle qui faisoit fondre en pleurs tous les assistans. Aprés quoy, conformément à la Régle de l'Ordre, elle demanda pardon à toutes les Religieuses, des mauvais exemples qu'elle leur avoit donnez. Elles la prierent de demander à Dieu sa guérison ; mais elle ne le voulut pas, parcequ'elle se croyoit inutile à tout le monde. Ensuite on lui presenta sa Niéce, à qui elle recommanda d'estre fidele à sa vocation. Comme elle vit les Religieuses couvertes de larmes, elle les conjura de remercier plûtôt le Ciel de la grace qu'il lui faisoit, de sortir de cette vie malheureuse, pour joüir du bonheur éternel. Elle ajoûta peu de temps aprés, *Que jamais elle n'avoit si bien connu combien il est necessaire d'estre frappé de la main de Dieu, pour se détacher du monde.* Et alors se souvenant des paroles que Josüé dit aux Ifraëlites, quelques momens avant qu'il mourut, *Mes cheres Filles,* continüa-t-elle, *je vais entrer comme toutes les creatures, dans le chemin de l'éternité. Dieu vous avoit mises sous ma conduite ; aimez-le toûjours, & soyez persuadées qu'il combatra lui-mesme pour vostre gloire.* A peine eut-elle achevé ces derniers mots, que sa foiblesse augmenta, & elle n'eut plus la force de parler. On lui apporta le cœur de Madame de Chantal, qu'elle receut avec beaucoup d'amour ; & aprés l'avoir serré tendrement sur le sien, elle le rendit. On lui donna l'Extrême-Onction, peu de temps aprés ; & la ceremonie estant achevée, elle mourut, & alla dans le Ciel joüir de Dieu, qu'elle avoit toûjours aimé sur la terre, dans tous les états où sa Providence l'avoit mise.

Sa mort arriva le Samedy cinquiéme Juin, à cinq heures du soir, de l'année mil six cens soixante-six. D'abord que le bruit en fut répandu, on n'entendit par tout que des plaintes & des gemissemens. Les pauvres alloient crier à la porte du Monastere, qu'ils avoient perdu leur consolation & leur secours. Et les prisonniers qu'elle faisoit assister, remplissoient leurs cachots de torrens de larmes.

Ce fut en ce temps-là qu'un grand Prélat apprenant sa mort, dit ces paroles, *Peut-estre que Madame de Montmorency ne sera pas fort regretée des Grands, qui se contenteront de la loüer froidement, sans faire reflexion aux loüanges qu'ils lui auront données. C'est la maniere du monde,* ajoûta-t-il, *qui craint la sainteté dans la personne des Saints, & qui a plus de douleur de voir dans la vie d'un Chrêtien la condamnation de ses impietez, que de l'entendre dans l'explication des veritez éternelles.*

Quand Madame de Montmorency fut morte, les Religieuses demanderent, contre la coûtume de l'Ordre, permission de la faire ouvrir, pour prendre son cœur qu'elle leur avoit donné. On fut surpris de trouver dans son corps tant de causes des maux qui l'avoient tourmentée presque toute sa vie. Mais ce qui augmenta l'étonnement des Medecins, fut de voir qu'au lieu de fiel, elle avoit une eau blanche & claire comme du crystal. Ce qui persuada à tous ceux qui estoient presens, l'extrême application qu'elle avoit euë à la douceur & à la charité.

Aprés l'ouverture, on exposa le corps deux jours, dans le Chœur du Monastere, où allerent tous les Religieux & les Prestres de la Ville, suivis d'une foule de peuple, qui crioit à la grille, que c'estoit *la Sainte qu'ils voyoient*. Personne ne se vouloit retirer sans avoir quelques-unes des fleurs qui estoient sur ses habits ; & les Religieuses furent obligées d'en couvrir son corps plusieurs fois, afin d'en donner à tout le monde.

Le Lundy au soir, les Prestres entrerent à la maniere accoûtumée, pour la sepulture. Ils observerent premierement les ceremonies de la Religion ; & aprés, considerant que Madame de Montmorency n'avoit jamais esté regardée dans le Convent comme une simple Religieuse, on lui fit de nouvelles funerailles, où l'on rendit à sa naissance & à sa qualité, les honneurs qui lui estoient deubs, sans craindre que ces obsèques magnifiques fussent contraires à l'humilité dont l'Ordre de Sainte Marie, comme on a dit, fait une profession particuliere. Cette triste pompe attira dans l'Eglise du Monastere, une aussi grande foule qu'on en avoit veuë trois semaines auparavant, à la solemnité de la Canonisation de S. François de Sales ; & la différence de ces deux ceremonies, rendoit la derniere plus touchante & plus douloureuse.

Enfin, aprés avoir finy toutes les prieres, on porta le corps dans la cave commune, où l'on ensevelit les Religieuses, & on posa le cercüeil de plomb sur une table de pierre, où il est encore aujourd'huy. On garde son cœur dans une boëte d'argent, & on voit ses entrailles qui, sans avoir jamais esté embaumées, ne laissent pas de se conserver depuis plusieurs années, sans aucune marque de corruption.

La vie de Madame de Montmorency est un modele de toutes les

Vertus Chrétiennes & Religieuses. Elle donne aux personnes du monde les moyens de souffrir constamment leurs malheurs ; & celles qui ont renoncé aux vanitez du siecle, trouvent dans ses actions la sainteté qu'elles vont chercher dans la solitude. Cette Princesse aima son devoir dés son enfance, sans changer de sentiment dans les differends états de sa fortune. La grandeur ny l'abaissement, les loüanges ny les persecutions, n'ont ny élevé ny abatu son courage ; & son cœur toûjours ferme dans la vertu, & toûjours égal dans ses mouvemens, ne s'est jamais porté qu'à Dieu, comme à la veritable gloire & au bonheur de l'éternité.

Fin.

TABLE
DES CHAPITRES.

CHAPITRE I.

Naiſſance de Madame de Montmorency, & ce qu'elle a fait juſqu'à ſon Mariage. Page 1.

CHAPITRE II.

Madame de Montmorency arrive à la Cour. La maniere dont elle y vit.
page 5.

CHAPITRE III.

La charité de Madame de Montmoren=

Table.

cy à un voyage que fit la Reine. Elle apprend la mort de son Frere le Cardinal des Vrsins, & ensuite celle du Duc de Bracciano son Pere. p. 11.

CHAPITRE IV.

La reception de Madame de Montmorency dans le Languedoc, comme Gouvernante de la Province. La maniere dont elle y vit, & la conduite qu'elle a dans sa famille. P. 19.

CHAPITRE V.

Madame de Montmorency retourne à la Cour, où elle apprend la maladie de son Mary. P. 30.

CHAPITRE VI.

Madame de Montmorency prend congé de

Table
de Madame Henriette de France, Reine
d'Angleterre ; & elle suit la Cour à
la guerre de Savoye.   p. 34.

CHAPITRE VII.

La conduite de Madame de Montmorency,
envers son Mary, quand Monsieur le
Duc d'Orleans se voulut retirer dans
le Languedoc.   p. 44.

CHAPITRE VIII.

Madame de Montmorency apprend les
blesseures & la prison de son Mary ;
& elle sort deux fois de Beziers. p. 50.

CHAPITRE IX.

Madame de Montmorency apprend la
mort de son Mary.   p. 58.

Table.

CHAPITRE X.

L'indifference de Madame de Montmo-rency pour la conservation de ses biens. Elle apprend le détail de la mort du Duc son mary. P. 73.

CHAPITRE XI.

On conduit Madame de Montmorency pri-sonniere au Château de Moulins. Sa douceur dans son voyage. Elle envoye visiter à Lyon Madame de Chantal. Ses occupations dans sa prison; & le com-mencement de sa liberté. P. 77.

CHAPITRE XII.

Madame de Montmorency tombe dans la sécheresse de cœur. Dieu la retient dans une tentation où elle alloit suc-comber. Le Pere des Vrsins va à la

Table.
Cour, pour travailler à son entiere liberté. p. 92.

CHAPITRE XIII.

Le Roy donne l'entiere liberté à la Duchesse. La Reine lui écrit, pour lui en témoigner sa joye; & son Altesse Royale la va visiter. Entretiens d'elle & du Pere des Ursins, qui la confirme dans le dessein qu'elle a de se retirer dans le Convent de la Visitation. Elle y entre la veille de S. Laurent, de l'année mil six cens trente-quatre. p. 101.

CHAPITRE XIV.

L'attachement de Madame de Montmorency pour le Convent de Sainte Marie de Moulins; & avec quel zéle elle protegea les Religieuses, dans une grande occasion, contre ceux qui décrioient leur vertu. p. 110.

Table.

CHAPITRE XV.

Madame de Brechart arrive au Convent de Moulins, & ayant reconnu la vertu de Madame de Montmorency, elle l'obligea d'aider les Religieuses de ses conseils dans la vie spirituëlle. p. 121.

CHAPITRE XVI.

Madame de Montmorency assiste jusqu'à la mort, un de ses ennemis ; & elle fait plusieurs grandes charitez à diverses personnes. p. 128.

CHPITRE XVII.

Madame de Montmorency se met sou la direction du Pere de Lingendes. Le differentes manieres dont Dieu conduit les ames ; & les témoignages que ce sage Directeur rendit de sa vertu. Elle termine plusieurs procez

Table.
& *plusieurs inimitiez entre des personnes considerables.* p 138.

CHAPITRE XVIII.
Madame de Chantal arrive à Moulins; ses entretiens avec Madame de Montmorency. p. 151.

CHAPITRE XIX.
Le Pere de Lingendes conseille à la Duchesse de s'engager à la Religion. p. 159.

CHAPITRE XX.
La soumission de Madame de Montmorency aux avis de Madame de Chantal, qui lui differe sa reception, & lui donne des conseils pour disposer chrétiennement de ses biens. Elle meurt à Moulins. La Duchesse fait conduire le Corps à Annecy. La contestation

Table.
qu'elle eut pour retenir son cœur.
p. 172.

CHAPITRE XXI.

Madame de Montmorency acheve en faveur des Chanoines de Lodeve, une Châsse d'argent, que le Duc avoit fait commencer. Elle apprend la mort de Marie de Medicis, & ensuite celle du Roy Loüis XIII. Plusieurs marques d'estime qu'elle reçoit de leurs Majestez & de son Altesse Royale.
p. 189.

CHAPITRE XXII.

La Duchesse fait transporter à Moulins le Corps de son mary ; & elle donne des Ornemens d'Autel à plusieurs Paroisses de la campagne. p. 203

CHAPITRE XXIII.

La Duchesse apprend la mort de Mon-

Table.

sieur le Prince, & celle du Roy d'Angleterre. Elle reçoit une visite de la Reine Anne d'Autriche ; & commence le bâtiment de l'Eglise de Sainte Marie. p. 213.

CHAPITRE XXIV.

Mademoiselle de Portes va demeurer quelque temps avec la Duchesse. Madame de Longueville se trouve auprés d'elle quand les pieces du Mausolée arrivent à Moulins. On luy écrit la mort du Duc de Nemours. p. 238.

CHAPITRE XXV.

Madame de Montmorency sollicite auprés du Pape, la Canonisation de S. François de Sales. Avec quelle charité elle traite ses debiteurs. Les obstacles qu'elle trouve quand elle veut prendre le Voile. La Reine Christine de Suede luy fait l'honneur de la visiter. p. 253.

Table.

CHAPITRE XXVI.

La Duchesse prend le Voile, & fait Profession à la fin de l'année de Noviciat. Elle continuë de solliciter la Canonisation de S. François de Sales. Leurs Majestez & toute la Cour lui font l'honneur de la visiter. p. 268.

CHAPITRE XXVII.

La retraite de huit jours de Madame de Montmorency, pour se preparer à la Profession. p. 283.

CHAPITRE XXVIII.

Continuation de la conduite Chrétienne de la Duchesse, dans le Monastere; & l'attachement qu'elle avoit à l'exercice de quelques vertus. p. 304.

CHAPITRE XXIX.

Les sentimens d'humilité de Madame de Montmorency, tirez de ses actions & de ses paroles. p. 320.

CHAPITRE XXX.

La patience de la Duchesse dans les maladies. Elle exhorte ceux qui la vont voir, à estre liberaux envers les Pauvres; & elle raconte par occasion quelques traits de la liberalité de son Mary. P. 339.

CHAPITRE XXXI.

La Duchesse est éleuë Superieure. Sa conduite dans le Monastere. Le Cardinal des Vrsins donne le Voile à Mademoiselle de Ventadour & à Mesdemoiselles de Valencé : Et on solemnise la Canonisation de S. François de Sales. P. 350.

CHAPITRE XXXII.

La maladie & la mort de la Mere de Montmorency. P. 373.